JN410588

인동초는 외롭지 않았다

한 교육자의 소망

인동초는 외롭지 않았다

한 교육자의 소망

▶▶▶ 김진성 지음

이지출판

추천의 글 _ 배호순 서울여대 명예교수

20여 년 동안 교육시민운동을 함께하면서 알게 된 김진성 선생님은 한국 교육의 문제점을 정확하게 파악하고 그 해결 방안을 명쾌하게 제시하였으며, 합리적인 미래비전까지도 설득력 있게 설파할 줄 아는 뛰어난 식견을 가진 분이다. 특히 초 · 중등교육 분야에서 그와 같은 다양하고 풍부한 경험을 바탕으로 한 감탄할 만한 문장 실력과 논리정연한 언변을 보여 주는 인재는 매우 찾아보기 어렵다.

그가 정치권의 당리당략 꼼수와 맞서 분노하며 싸우는 모습을 여러 차례 보았고, 자신도 교육 관료이면서 자체 내에서 목소리를 높이며 여당 속의 야당 역할도 했다. 교육정책 관련 문제들이 발생하면 앞장서서 문제 해결에 힘썼고, 장애물을 돌파하기 위해서 과감히 싸웠다. 평준화 교육제도의 문제점을 정확하게 지적하고 그 대안을 제시했으며, 특별히 인상 깊었던 것은 전교조의 문제점을 하나하나 꿰뚫고 비판하면서 문제 해결 방안까지도 여러 편의 저서를 통하여 의욕적으로 제시한 것이다.

이번 《인동초는 외롭지 않았다》 출판에 존경과 박수를 보낸다. 그가 정년 이후에도 황폐화된 공교육을 바로 세우기 위해서 남은 장작을 다 태우겠다는 의지를 보여 주었으니 마음 든든하다.

추천의 글 _ 서정화 홍익대 명예교수 · 홍대부속중 · 고 교장

김진성 교장님은 교육 당국과 정치권에 거침없이 할 말을 다하는 소신 있는 행정가였다. 서울시 교육청 재직 때는 아이들을 심약하게 키워서는 안 된다면서 전국 국토 순례를 비롯한 극기수련 계획을 세워 추진했고, 스트레스 해소를 해야 한다고 학생극장을 만들고 놀이마당을 만들었다가 감사원의 지적을 받은 것으로 알고 있다.

그는 교육개혁의 꽃이라고 하는 학교운영위원회에 대해서도 비판적이었다. 학교는 학교장에게 권한을 주고 그에 대한 책임을 엄하게 물어야 한다는 것이 그의 지론이었다.

그의 글은 현장교육을 걱정하는 내용이 많았다. '교육을 걱정하는 사람이 나라를 사랑하는 사람'이라고 한다면, 김진성 교장님은 진정한 애국자다. 그는 학구적인 열정을 지닌 최고의 전문가로서 비판을 하면서도 거기서 끝나는 것이 아니라 항상 대안을 제시하는 긍정적인 정책 개발자로서 크게 기여했다.

이 책은 그가 교직에서 겪은 수많은 사연을 담은 내용으로 후학들에게 많은 시사점과 교훈을 줄 것으로 기대한다.

추천의 글 _ 이계성 고교 교장 · 새한국국민운동 공동대표

《인동초는 외롭지 않았다》는 책을 읽으면서 40년간 교육계에 몸담아 온 내 자신이 타임머신을 타고 과거 여행을 하는 기분이었다. 그의 책 속에 숨어 있는 교육계의 영상이 가슴아팠지만, 교육계의 묵은 때를 벗겨 낸 내용에 가슴이 후련하였다.

김진성 교장께서는 교육 최전방에서 현장교육의 문제점을 질타해 왔다. 그는 전교조에 관한 책을 여러 권 쓰면서 우리나라 교육의 체질 개선을 위한 전교조의 역할을 인정하였다. 그러면서도 현재의 전교조는 안 된다고 분명히 선을 그었다.

그는 교육계에서 가장 용기 있는 교육자였다. 쓴소리를 넘어 무능을 규탄하며 퇴진을 요구하기도 했다. 김 교장께서 교육의 바른 길을 위해 몸을 던져 행동으로 실천하는 모습에서 후배인 나는 많은 것을 배웠고 그런 행동에 존경심을 갖고 있다.

또한 김 교장은 한국 교육계의 산증인이다. 지난날 자신의 경험과 가슴앓이를 통해 '교육이란 무엇인가' 에 대해 설명하고 있다. 한국 교육을 다시 살릴 수 있는 계기가 되었으면 한다.

추천의 글 _ 陳泰夏 백석대 석좌교수 · 全國漢字教育推進總聯合會 이사장

저자는 나와 죽마고우다. 옆에서 지켜본 그의 삶은 평범하지 않았다. 그가 주일 한국대사관 수석교육관 재직 시 내게 SOS를 쳤다. 조총련이 일본에서 '한글능력검정시험'을 실시하고 있는데 이를 그대로 두고 볼 수 없으니 도와달라는 것이었다.

나는 이 사정을 전해 듣고 국내 학자들과 협의한 후 몇몇 교수와 함께 일본에 건너가 '한국어능력검정시험' 출제를 맡아 협조한 적이 있다. 한국 정부의 도움 없이 각고의 노력 끝에 사상 최초로 일본 전 지역 여덟 군데에서 실시해 파란을 일으키는 것을 보고 놀라지 않을 수 없었다.

그는 귀국해서 내가 하는 한자교육추진운동에 적극 참여하였다. 우리의 공동노력으로 내년부터 초등학교 교과서에 한자를 병기하게 되었다. 오랜 숙원을 풀었다.

전교조에 대해 침묵을 지키던 시절, 그는 할 말을 했고, 퇴직 후 교육시민운동에 나서서 교육 정상화 운동에 앞장섰다. 아이들의 생활지도를 위해 밤낮으로 뛰던 그의 모습이 눈에 선하다.

책머리에

한 교육자의 소망

나는 오랫동안 교육정책과 학교 현장 간의 괴리 속에서 마음고생을 했다. 지금 생각해 보니 나의 가슴앓이는 복지부동을 못해서 생긴 병이었다. 아무리 모진 폭풍우가 불어도 방안에 가만히 드러누워 있지를 못했다. 비위 맞추고 맞장구치면 일신이 편한 것을 모르는 바가 아니다. 복창을 잘하고, 받아쓰기를 잘하면 무난한 사람이라는 평을 받고 출세하는 세상임을 모르는 바도 아니다. 쓴소리로 심기를 불편하게 하면 괘씸죄밖에 돌아올 것이 없다는 것도 잘 안다.

그러나 그런 처세주의는 참다운 교육자의 삶의 길일 수 없었다. 오늘의 현실이 침묵하고 있기에는 문제가 심각하기에 나선 것이다. 몰라서 침묵하는 것은 어쩔 도리가 없다 치더라도 뻔히 알면서 침묵하는 것은 이 시대를 살아가는 한 교육자로서 무책임한 일이라 생각했다.

원래 벼랑 끝으로 달려가는 어린아이를 바라보고 있지를 못했다. 교육을 제대로 모르고 추진하는 정책 당국자도 문제지만 문제점을 뻔히 알면서 장단 맞추고 있는 교육자들의 안일한 모습을 보면 분노가 치밀어 올랐다.

긴 시간 공직 생활 끝에 집에 돌아오니 마음이 편했다. 가족과 친구들과 어울리다 보니 자연이 보였다. 앞만 보고 달려가던 내가 수필 공부를 하면서 인간 세상에 대한 미움을 접고 분노를 삭이고 있다. 그런데 현실은 나를 그대로 놔두지 않는다.

정치권은 교육계의 갈등을 해소하기보다 오히려 갈등을 끊임없이 확대 재생산하고 있다. 평준화, 사교육, 사학법, 전교조, 교원정책, 단체협약, 정년단축, 무상급식, 인권조례, 혁신학교 등 역대 정권의 대표적인 교육정책이 하나같이 정치적 꼼수에 의해 왜곡되고 굴절되어 왔다. 그런데 이제 그 강도가 더 심해 국가적 위기를 맞고 있다. 학교는 아이들의 놀이터가 되고 학원은 문전성시 태평성대를 누리게 되었다. 정치권은 교육계를 쑥대밭으로 만들어 놓고 나 몰라라 한다. 교육 행정은 헛발질을 하고, 학교 현장은 그 장단에 맞춰 춤을 춘다.

이 책은 이러한 국가적 위기 상황에서 나의 고뇌를 담아 학부모, 교사, 애국 시민에게 드리는 호소문이다. 어려운 시기마다 마당에 멍석 펴는 역할로 동분서주했다. 수없이 많은 멍석을 폈다. 특히 기본생활습관지도와 공동체 교육에 신경을 썼다. 교육자치의 정상화를 위해서 밤낮으로 뛰었다. 비판에 그치지 않고 대안을 제시했다. 대안을 제시하는 것에서 성취의 희열을 느꼈다.

평생 몸담아 온 교육계에서 장작 주워 오고 불 지피느라 얼굴에 검정을 묻히며 살아왔다. 평소 가만히 구경만 하다가 밥 끓을 때가 되면 숟가락 들고 덤벼드는 사람들이 많았지만, 나는 그들을 탓하지 않았다. 그러나 남보다 앞장서서 장작 주워다가 밥 짓고 멍석 까는 일을 가장 열심히 한 사람이 바로 '김 아무개'라는 칭찬만은 듣고 싶었다. 어린아이처럼 그것만은 누구에게도 양보하고 싶지 않았다.

제1부는 교육현장에서 남달리 일 벌이면서 겪은 애로 사항을 담은 내용이고, 제2부는 공직 생활에서 느낀 분노를 인내와 해학으로 삭이는 내용이고, 제3부는 그간 일간 신문에 투고했던 칼럼 중에서 현재 우리가 당면한 문제들에 대한 이해와 해결에 유효하다고 생각되는 것을 엄선한 것이다. 제4부는 해외 경험의 애환을 그린 것이고, 제5부는 지난날의 희비애락을 더듬어 성찰한 것이다. 마지막 제6부는 아직도 쉴 수 없는 내 자신의 심경과 의지를 밝힌 것이다. 여기에 나의 활동 무대라 할 수 있는 대화 광장의 화두 목록과 나의 발자취를 부록으로 실었다.

지난날 나의 참회가 병든 교육을 고치는 약이 되고, 일그러진 교육을 바로 세우는 도구가 되었으면 한다. 그렇지 않으면 한 줄기 소나기가 되기를 소망한다. 독자의 판단을 겸허히 기다리겠다.

2017년 10월

김 진 성

제2부 _ 바보들의 행진곡

제3부 _ 김진성 칼럼 10선

제4부 _ 뭐 배울 것이 있겠어

제5부 _ 인동초는 외롭지 않았다

제6부 _ 당신은 정치를 몰라

부록

제1부

뉴리더 교장

뒷골목 아이들

호연지기(浩然之氣)

교육 쿠데타라니

뉴리더 교장

교장이란 자리

현대사 특강

밥상머리 교육

뜨거운 감자

뒷골목 아이들

1980년대, 저녁 9시가 되면 라디오와 텔레비전에서 음악과 함께 방송이 흘러나왔다.

“청소년 여러분, 귀가할 시간이 되었습니다. 속히 집으로 돌아가 주십시오.”

그런데 귀가 시간을 알리는 방송이 어느 날 갑자기 사라졌다. 12시 통행금지 시간이 없어지고 학생의 두발과 교복은 자율에 맡겨졌다. 까까머리 남학생이 머리를 기르게 되었고, 교복과 모자가 자취를 감추었다. 단발머리 여학생도 교복을 벗어던지고 패션이 가미된 사복으로 마음껏 맵시를 뽐내게 되었다. 아무런 대책도 마련하지 않은 상태에서 하루아침에 교복을 벗고 머리를 자유롭게 기르게 된 것이다.

자연히 학교나 교육청의 학생 생활지도가 매우 어렵게 되었다.

그 많던 중 · 고생이 일시에 거리에서 사라졌다. 사실은 없어진 것이 아니라 머리를 기르고 사복을 입으니 일반인과 구별할 수 없게 된 것이다.

어느 날 대낮에 세종문화회관 앞에서 고등학생이 담배를 피우고 있기에 다가가서 야단을 쳤다.

"너 어느 학교에 다니는 학생이냐?"

"저는 전경인데요."

"전경이면 다야."

외모로는 도무지 구분할 수 없었다. 머쓱해졌지만 내친김에 전경이 이런 곳에서 담배를 피우면 되느냐고 기세를 높였으나 민망하기 짝이 없었다. 고등학생은 머리를 길러 어른처럼 보이고, 전경은 머리가 짧아 학생처럼 보였던 것이다. 교복, 두발 자율화가 시행된 80년대 초반의 한 풍경이었다.

그때 나는 서울시 교육청 생활지도 장학관이었다. 자율화로 아이들의 비행 탈선이 갑자기 늘어나기 시작했다. 중 · 고교 학생들의 시간적 · 공간적 행동 영역이 크게 확대되었다. 학생들은 심야 다방과 심야 극장의 주요 고객이 되었고, 유행처럼 늘어난 독서실은 그들의 탈선을 합리화시켜 주는 피난처가 되었다. 많은 비행 청소년은 독서실에 간다는 이유로 집을 나와 거리를 헤매고 유흥업소를 찾았다. 이전에는 학생들이 방과 후에 학교 주변의 만홧가게나 분식점 등에 몰렸으나 이제는 교통 통신의 발달로 소위 '명소'

란 지역으로 학생들이 몰리는 경향이 두드러졌다.

청소년들이 PC방, 전화방, 노래방에 디스코텍, 호프집까지 진출한 것이 그때쯤부터다. 청소년 대상 퇴폐업소가 계속 늘어났다. 교외 생활 지도 교사들이 급습한 한 호프집은 목불인견이었다. 술 취한 남녀 학생들이 뒤엉켜 담배를 꼬나물고 있었다. 접시에는 까치 담배가 수북이 쌓여 있는데 한 개에 얼마씩 돈을 내고 피운다. 남녀 학생들은 서로 모르는 사이가 많았고, 이곳에서 처음 만났다는 학생들도 있었다. 호기심 가득한 겁 없는 아이들이다. 돈이 떨어지면 무서운 아이로 돌변할 수도 있다.

서울시 교육청은 시내를 14개 지구로 나누어 각 학교 선생님들을 동원해 밤늦게까지 교외 생활지도를 하도록 하고 이를 지원했다. 교육청 공금으로 생활지도 선생님들에게 추운 겨울에 입을 외투까지 구입해서 지급했다. 밤늦게 거리를 배회하는 청소년을 지도하자니 밤참도 먹어야 했다. 그때 선생님들은 교내는 물론 교외 생활지도를 당연한 자신들의 책임이라고 생각했다. 뿐만 아니라 다른 학교 학생까지도 지도 대상이라는 책임감과 사명의식을 갖고 있었다.

서울시내 돈암동, 화양동, 남영동, 신사동, 서초동, 천호동, 신림동, 영등포, 방배동 등 아이들이 몰리는 곳에는 예외 없이 청소년 선도 어깨띠를 두른 선생님들이 밤늦게까지 지도를 하고 있었다. 유흥업소에 들어가 업자들과 다투기도 했다. 교외 생활지도 선생님들은 머리를 기르고 교복을 입지 않았지만 중 · 고교생들을 잘 찾아냈다. 연말에 대대적인 청소년 선도 캠페인이 벌어졌다. 한번은 학생 선도 어깨띠를 두르고 유흥업소를 돌고 있는데 검찰청과 경찰서 소속 선도위원들이 어깨띠를 두르고 나타났다. 그런데 이게 웬일인가. 그중에 유흥업소 주인들이 다수 섞여 있는 것이 아닌가! 세상은 요지경속이었다.

생활지도를 잘 하려면 우선 학생부장의 인식 전환이 필요하다는 생각에 용인 자연농원(현 에버랜드)에 있는 삼성종합연수원을 연수 장소로 교섭했더니 삼성그룹 사원 연수 때문에 빌려줄 수 없다는 전갈이 왔다. 중앙일보, 삼성물산, 삼성문화재단, 삼성전자의 윗사람들과 접촉해 봤지만 헛수고였다. 수소문 끝에 이건희 회장의 자제가 K고등학교에 재학 중이란 사실을 알고, 그 학교 M교장을 통해 교섭했더니 일정을 변경하면서까지 장소를 할애해 주었다.

그곳에서 시행하고 있는 교육 커리큘럼을 우리 선생님들에게도 실시해 달라고 부탁했으나 어렵다는 답변이었다. 까닭은 기업체 사원 연수 프로그램을 선생님들에게 실시하면 삼성 이미지에 손상이 온다는 것이었다. 삼성그룹의 신입사원들은 호된 훈련을 받고 있었다. 야외 교육 중 무단 방뇨했다는 이유로 퇴출되기도 하는 등 매우 엄격해 보였다. 우리 선생님들이 적응하기 어렵겠다는 생각이 들어 장소만 빌리기로 했다. 상담 전문가를 초청하여 심성 수련 프로그램으로 연수를 진행했다.

날마다 야단치거나 처벌하는 것에만 익숙해져 있는 학생부장 선생님들로서는 상담 위주의 프로그램이 생리에 안 맞는 듯 보였다. 당시 학교는 회초리로 아이들을 다스렸다. 정학이나 퇴학시키는 방식으로 학내 질서를 잡고 있었던 때였다. 나는 생활지도의 기본 방향을 '단속, 금지, 처벌' 위주의 소극적 방식에서 '권장, 참여, 선도' 위주의 적극적 방식으로 바꾸자고 호소했다. 아이들에게 갈 곳과 할 일을 마련해 주지 않고 무조건 '가지 마라', '하지 마라' 하는 것이 능사가 아니라고 강조했다. 공감대가 형성되었다. 연수가 끝나는 날 잔디밭에서 맥주파티를 하면서 청소년 선도를 잘 해 보자고 다짐했다.

그 후 십 년이란 세월이 흐른 뒤에 삼성연수원이 달라졌다. 학교 선생님들에게는 절대 안 된다던 삼성 사원 연수 교육과정이 오픈되었다. 삼성연수원에 장관, 국회의원, 국영기업체 사장 등 우리나라 지도자급 인사들이 속속 들어가서 교육받고 나오는 것을 보고 격세지감을 느꼈다.

호연지기(浩然之氣)

1980년대 중반, 나는 서울시 교육청 생활지도 장학관이었다. 그때 예상 밖의 일들이 벌어졌다. 서울 시내 여중생 네 명이 함께 투신했다. 세상을 비관해 충동적으로 벌인 집단 자살이었다. 큰 충격이었다.

담임교사는 "학교에서는 평소 말도 없고 출석도 빠지지 않는 조용한 아이들이었다"고 말했다. 함께 자살할 만큼 특별한 문제점이 없는 아이들이었다. 숨진 여중생들이 남긴 수첩에는 유명 가수의 생일과 공연일자 등이 적혀 있고, 연예인 사진도 여러 장 있었다. 네 명 모두 장래 희망이 연예인이었다. 백댄서가 되어 무대에 서고 싶다는 꿈도 갖고 있었다. 그러나 자신들의 꿈이 현실로 이루어지기 어렵다는 점을 고민해 왔다고 한다. 20층 아파트 옥상에서 친구들이 지켜보는 가운데 콘크리트 바닥으로 뛰어내렸던 것이다.

기독교방송에서 '학생 자살'을 주제로 두 사람의 대담 토론이 있었다. 출연자인 Y대 S교수는 '입시가 가져온 제도적 타살'이라고 목청을 높였다. 나는 '아이들을 심약하게 키우는 교육'에 문제가 있다고 맞섰다. 학생들이 모진 비바람을 맞아보고 눈보라를 이겨 내야 하지 않을까. 쌓인 스트레스를 풀어 주고, 자제력을 길러주는 것이 더 우선이라는 생각이었다.

1985년에는 서울 시내 S중학교 1학년에 재학 중인 P군의 자살 사건이 또 발생했다. 한 아이가 같은 반 급우로부터 버스 토큰을 빼앗았는데, 이 사실을 담임 선생님이 알고 야단을 쳤다. 야단맞은 아이가 신고한 P학생에게 죽을 줄 알라고 협박해서 자살했다는 것이다. 매스컴은 이 사건을 대대적으로 보도했다. 신문마다 '학교 가기가 무섭다', '교내 폭력, 이대로 좋은가' 등의 제목으로 연일 시리즈를 엮어 보도했다.

대책 마련에 부심했지만 뾰족한 수가 없었다. P군의 자살 원인이 어처구니가 없었다. "인마, 이따 봐. 네가 선생님한테 고자질했지. 죽을 줄 알아"라는 말을 들었다는 것이다. 그 학생이 수업시간에 집에 가서 목을 매어 자살했다. 말문이 막힐 수밖에 없었다. 그런 일로 자살하면 이 세상에 살아남을 사람이 몇이나 될까. 고심 끝에 대책의 하나로 학생 극기 수련 프로그램을 만들어 내놓았다. 의견이 분분했으나 교육감이 전적으로 지원해 주었다.

1965년 경서중학교 수학여행버스가 천안 모산 건널목에서 기차와 충돌하여 학생 전원이 사망했다. 그 사건이 있은 후 수학여행 자체가 폐지되었다. 그런 상황에서 수학여행을 다시 부활하자는 말을 꺼낼 수가 없었다. 하물며 아이들을 의도적으로 고생시키는 극기 수련은 더욱 어려운 일이었다. 그러나 그대로 두고 볼 수는 없었다. 아이들을 강인하게 키워야 한다는 일념뿐이었다. 학교별로 극기 수련을 시행하도록 했으나 학교는 요지부동이었다. 학생들을 데리고 나갔다가 사고가 나면 누가 책임지겠느냐는 반응이었다. 학교 설득이 어려웠으나 그렇다고 포기할 수가 없었다. 서울 시내 중 · 고등 26개교를 극기 수련 시범학교로 선정했다.

교육청 주관으로 '사제 동행 국토 순례단'을 조직했다. 여름방학이 되자마자 동작동 현충원에 집결해 국토 순례단 발대식을 가졌다. 순국선열에게 인사를 드리고 학교별로 각각 떠났다. 최종 목적지는 문경새재, 수안보였으나 경유지는 학교마다 달랐다. 대중버스와 기차 그리고 봉고차로 갔다. 곳곳에서 몇 시간은 반드시 걸었다. 3일간의 일정 중에서 마지막 날은 한곳에 모두 모일 계획이었다. 숙영지는 시골 초등학교나 중학교였다. 학생들은 여섯 군데에서 첫날밤을 지냈다. 함께 밥을 지어 먹으며 선생님과 함께 우정을 나눴다. 노래도 부르고, 장기 자랑도 했다. 둘째 날은 두 군데서 모이고 마지막 날은 26개 학교가 수안보 유스호스텔에 모두 모였다. 그날 밤, 국토 순례 경험담을 털어놓으면서 우의를 다졌다.

국토 순례 기간 중 그림을 그리거나 글짓기를 하고 곤충 채집과 식물 채집을 했다. 그리고 고적 답사와 지질 조사, 천렵과 등산을 했다. 촛불을 켜고 부모님께 드리는 글을 발표할 때는 이곳저곳에서 흐느끼는 소리까지 들렸다. 더욱 흥을 돋우고 싶었다. 학생들에게 평소 나의 속마음을 전했다.

"애들아, 자연의 품속에 들어가면 금속성 음악 소리는 꺼라. 바람 소리와 물소리를 들어라. 새소리와 벌레 소리에 귀를 기울여라. 낙엽 밟는 소리와 풀잎 스치는 소리는 어떠냐. 모닥불 타는 소리도 좋더라. 빗소리도 잘 들어 보아라."

매스컴에서는 국토 순례 행진을 크게 보도했다. '학교 가기가 무섭다', '교내 폭력, 이대로 좋은가' 라는 신문 논조가 바뀌었다. '심약한 어린이, 강하게 키워야 한다' 는 방향으로 나갔다. KBS는 국토 순례 상황을 처음부터 시시로 중계방송을 했다. 신판 화랑도라는 평까지 해 주었다.

MBC는 '호연지기 국토 순례' 라는 제목으로 대담 프로그램을 마련했다. 여행가 김찬삼, 작가 김주영과 함께 출연했다. 비판은 없고 찬양 일색이었다. 큰 성공을 거두었다. 그 후 교육청의 국토 순례는 해마다 설악산 지역, 비무장 지대 등으로 장소를 바꿔 가며 실시하였다.

학교별 극기 수련도 활성화되었다. 그런데 해괴한 일이 일어났다. 서울 인근의 목장에서 소들이 쫓겨난 것이다. 목장이 간판을

'극기 수련장'으로 바꿔 달았다. 열악한 시설은 문제 삼지 않았다. 프로그램은 천막 치고 밥짓기, 야간 등산과 줄타기 그리고 강 건너기였다. 힘들지만 재미있고 보람을 느꼈다.

그때부터 학교 밖 단체 활동이 전국적으로 보급되었다.

교육 쿠데타라니

인천 어느 호프집에서 불이 났다. 중 · 고교생 수십 명이 목숨을 잃은 사건이었다. 안타까웠다. 똑같은 일이 대구에서도 일어났다.

정부가 개방과 자율 정책을 내걸었다. 학생들에게 두발과 교복을 자유롭게 하도록 했다. 먼저 아이들이 갈 곳을 마련했다. 적십자사 강당, 숭의음악당 그리고 관악고, 서울고, 수도여고, 정의여고, 염광여상 강당을 학생극장으로 지정했다. 시간은 평일 오후 5시, 토요일 오후 2시 30분 이후로 정했다. 말하자면 학생극장은 아이들의 놀이마당이었다. 무용, 합창, 체조, 보컬, 방송, 촌극, 그룹사운드 등 무엇이든 다 좋다고 했다. 매주 두 번씩 공연을 했는데, 그때마다 현장에 나가 마이크를 잡고 아이들을 격려했다.

"괜찮아. 학생극장에서의 실수는 필수다. 실패는 성공의 어머니란다."

아이들은 처음에는 실수할까 봐 겁을 냈고, 그래서 주저주저했다. 요란한 춤판을 벌이고 소리를 질러대도 다 받아 주었다. 스트레스를 마음껏 풀고 가라는 뜻이었다.

학생극장을 좀 더 활성화하기 위하여 잠실 학생체육관에서 '학생극장 큰잔치'를 벌이기로 했다. 이튿날 조선일보 사회면에 '사제 디스코 잔치'라는 제목의 기사가 떴다. 이어서 조선일보와 동아일보가 이를 비판하는 사설을 실었다. 어느 신문은 머리카락 하나만 남은 대머리 교장 선생님이 여학생과 마주 보고 디스코를 추는데 바지가 반쯤 흘러내린 만화를 실었다. 애당초 사제 디스코는 없었다. 취지 설명에서 생활지도는 사제 동행으로 이루어져야 한다고 한 것이 와전된 것인데 부인해도 믿지를 않았다. 결국 사제 디스코는 기정사실이 되고 말았다.

매스컴이 요란하니 자연히 장안의 화제가 되었다. 문교부, 청와대에 불려가 이를 해명하느라 진땀을 뺐다. 긍정적인 보도가 없었던 것은 아니다. 중앙일보는 사설을 통해 청소년 지도에 고심하는 서울시 교육청의 고충을 이해한다고 했고, 한국일보 장명수 칼럼은 호의적인 반응을 보여 주었다. 그러나 조선일보 '이규태 코너'는 매섭게 때렸다.

"우리나라의 전통적인 춤은 주로 상체를 움직이는 춤이다. 디스코란 아프리카 중부 지역에서 시작된 것으로 이는 하체를 격렬하게 흔들어 성적 충동을 유발하는 것이다. 사제가 함께 이런 디스코 잔치를 벌인다고 하니 기상천외의 발상이다. 이는 교육 쿠데타다.”

사무실 전화가 불이 났다. KBS TV 〈아침마당〉 프로그램에 출연해서 해명을 했다. 방송이 나가자 비난과 격려의 소리가 쏟아졌다. 대전에 사는 어떤 분은 이런 편지를 보내 왔다. 글씨를 보니 연세가 있는 분 인 듯했다.

“오늘날 청소년들의 탈선은 귀하와 같은 교육자가 학생을 잘못 교육한 데서 기인한 것입니다. 무책임, 유아독선, 학생의 비위나 맞춰 인기나 얻으려는 귀하가 청소년 문제를 가정과 사회가 공동책임져야 한다며 비겁한 책임 전가를 하고 있으니 당장 물러나십시오. 국가의 장래를 생각해서 이런 이야기를 하는 것입니다.”

그런데 청주의 어느 고등학교 선생님 편지는 이와 정반대되는 내용이었다.

“청소년 문화 창달에 애쓰고 계신 데 대해 충심으로 감사드립니다. 일부 언론들의 ‘디스코 여론’에 사기가 위축되면 어떻게 하나 걱정하면서 격려와 위로의 말씀을 드립니다. 지난주 조선일보에 보도된 잠실 학생극장 ‘사제 디스코 잔치’ 기사를 읽고 우리 학교 선생님들은 부러워했습니다. 우리나라 청소년들도 이제 한곳에 모여 즐거운 놀이를 할 수 있도록 해 줘야 한다고 생각합니다. 5월 12일 서울 출장을 가서 당일 행사를 보고 우리 학교도 그런 행사를 추진하려고 합니다.”

신문과 방송을 통해 대대적으로 알려지자 어떤 식품 회사에서는 학생 8천 명이 먹을 음료수와 빵을 제공하겠다고 했다. 메리야스 회사와 신발 회사에서는 학생 수 대로 기증품을 보내 주겠다고 했다. 치어걸을 보내 주겠다고 하는가 하면, 전통 혼례를 하는 결혼식장에서는 그 의식을 식전에 보여 줄 수 없느냐고 물어오기도 했다.

청소년 문화를 이해하기 위한 취지에서 시작한 일이었다. 교장부터 아이들과 함께 어울려야 하지 않겠는가. 그런 설명이 '사제 디스코 잔치'로 변모한 것이다. 어쨌든 그 바람에 학생극장은 크게 홍보가 되었다. 그런데 같은 지붕 아래 있는 서울시 교육청 감사실은 사회적 물의를 일으켰다고 나를 징계위원회에 회부했다. 이런 상황에서 계획을 백지화하라는 주위의 권고가 있었으나 끝까지 밀어붙였다.

1984년 5월 12일, 마침내 고교생들의 큰 잔치가 열렸다. 염광여상, 성암여상의 악대 퍼레이드가 시작을 알렸다. 그들에게 퍼레이드 이름을 지어 주었다. 하나는 '전진', 또 하나는 '환희'라고 불렀다. 은광여고, 경복여상의 그룹사운드, 창덕여고의 리듬체조, 오산고 남녀 학생들의 포크 댄스, 남자고의 태권도 시범과 기계체조 등으로 진행되었다. 청중석에 앉아 있는 학생들도 흥겨운 음악이 나오면 함께 따라 부르고 일어나 춤을 추었다. 텔레비전 카메라는 무대보다 관중석을 비추기에 바빴다. 외국 텔레비전도 취재 경쟁에 가담했다. 미국의 NBC TV, 일본의 후지 TV 취재진도 보였다.

"학생 여러분, 티 없이 자라고 있는 여러분을 보니 너무 즐겁습니다. 우리나라 장래는 밝습니다. 여러분, 힘내세요."

사회를 맡은 나는 감격에 겨워 말을 잇기 힘들었다. 행사를 마치고 학생들이 떠나간 자리에는 캔이나 휴지조각 하나 보이지 않았다. 텔레비전과 신문이 이를 크게 보도했다. 개그맨 이성미의 인터뷰가 있었다. 아이들은 신이 나서 깔깔대고 좋아했다. 어느 여자 교장 선생님은 눈물을 글썽거리며 인터뷰에 응했다.

"아이들이 이렇게 좋아할 줄 정말 몰랐어요. 아이들에게 미안해요."

학생극장 큰 잔치는 성공적으로 끝났고, 그 반응도 대단히 좋았다.

문제는 다른 곳에서 터졌다. 감사원은 당초 '사제 디스코 잔치'를 문제 삼았으나 문제가 되지 않자 방향을 돌려 버렸다. 정독, 남산, 종로, 용산, 마포, 동대문, 영등포, 강서 도서관은 문화영화를 상영하고 있었는데 상영한 영화를 문제 삼은 것이다. 감사원의 지적은 엄했다.

"청소년 선도에 적극 나서야 할 교육청이 '청소년 입장 불가' 영화를 보여 주었으니 이것이야말로 무사안일의 대표적 사례 아닙니까?" "무협, 활극 영화를 상영하여 요즘 청소년들의 폭력이 늘고 있는 것 아니냐"고 따져 묻기까지 했다. '무기여 잘 있거라', '태양은 가득히', '노틀담의 꼽추', '초원의 빛', '화니걸', '모정', '남태평양', '빠삐용', '마이웨이' 같은 영화가 왜 미성년 입장 불가 영화인지 이해가 가지 않아 항의했다.

"KBS, MBC 텔레비전 명화 시간에 방영하고 있는 것인데 왜 문제가 됩니까?"

이에 대해 감사위원은 이렇게 말했다.

"텔레비전 영화는 불특정 다수인을 대상으로 하는 것인데, 도서관 시청각실 영화는 특정한 학생들을 대상으로 한 것이므로 문제가 됩니다."

무식한 나는 유식한 그들을 당해 낼 수가 없었다. 감사원에 탄원서를 냈다.

"무사안일이란 해야 할 일을 안 하는 것이지, 하지 않아도 될 일을 아이들을 위해 찾아서 한 일인데 어찌 무사안일이란 말입니까?"

토요일, 일요일까지 반납하고 아이들을 위해 뛰고 있는 사람을 보고 무사안일이라니 분노가 치밀어 올랐다. 도와주지는 못할망정 이럴 수가 있는가. 우리나라는 청소년 대책기구도 많고, 연구기관도 많다. 하지만 발로 뛰는 사람은 많지 않다. 세미나장에서 청소년 문제를 토론하거나 청소년 문제를 논문으로 발표하는 사람은 박수를 받지만, 음지에서 묵묵히 청소년 선도에 나서는 사람들은 외로움을 느낀다. 왜 내가 토요일, 일요일도 없이 그렇게 뛰어다녔는지 모르겠다. 방안에 가만히 들어앉아 있으면 그만인 것을. 윗사람이 시키는 것도 아닌데 말이다.

교육청 감사는 슬그머니 꼬리를 내리고 사라졌는데, 감사원은 끝내 나에게 '경고, 주의 촉구' 라는 징계를 내렸다. 처음에는 사제 디스코 잔치를 친다고 칼을 뺐는데, 한번 뺀 칼을 그냥 집어넣기가 체면이 안 선다고 판단했나 보다. 나는 그때 우리나라 공무원들의 소리 없는 외침, "복지부동만이 살길이다"를 들었다.

뉴리더 교장

"현재 우리나라의 교직 풍토를 단적으로 말하면 교사의 냉소주의, 부장 교사의 기회주의, 교감의 적당주의, 교장의 무사안일주의로 표현할 수 있다. 상대를 탓하기에 앞서 각자 자신을 변화의 출발점으로 삼는 태도가 필요하다. 상대방 탓만 하며 세월을 축내면 결국 교단은 타율에 의해 구조 조정을 당할 수밖에 없을 것이다. 불행하게도 교단은 이미 그 단계까지 와 있는 듯하다."

1998년 6월, 전교조가 발행하는 잡지 《우리교육》은 내가 한 말을 특별히 뽑아 앞에다 실었다. 《우리교육》의 김흥옥 기자가 S고등학교 교장실로 나를 찾아왔다. 특집 '새로운 리더로서의 교장'을 기획하는데, 내가 뉴리더 교장으로 선정됐다면서 인터뷰를 하자는 것이었다. 반갑기도 하고 난감하기도 했다. 당시는 전교조가 합법화되기 직전이었고, 교육계가 전교조 문제로 골머리를 앓을 때였다. '전교조 신문'이나 잡지 《우리교육》은 교장에 대한 비판의 글로 도배를 하고 있었다. 전교조는 교장을 민주화의 적으로 생각하고, 교장은 전교조를 불순 세력으로 치부하고 있는 때였다. 전교조에 대해 날선 비판을 계속해 온 나를 '뉴리더'라며 찾아온 것은 예상 밖이어서 놀랍고 해괴한 일이 아닐 수 없었다. 왜 나를 뉴리더로 선정했을까. 현직 교장으로서 정치권에 거침없이 할 말 다하는 교장으로 알려졌기 때문인지도 모른다.

나는 인터뷰를 거절했다. 대신 내가 투고하는 글을 실어 달라고 요청했다. 인터뷰를 하면 자기들이 싣고 싶은 것만 골라 편집하는 것을 여러 번 경험했기 때문이다. 《우리교육》이 동의하여 써서 보낸 글의 제목은 '갈등을 씻기 위해 대화의 창문을 열자'였다. 그런데 《우리교육》 편집부는 이를 '각자 자기부터 시작하기'로 고쳐 잡지에 실었다.

특집은 '학교는 교장 공화국인가?'였다. 편집회의에서 '비록 아직 소수이긴 하지만 질적인 변화를 만들어 가는 교장들의 이야기를 소개하자'고 결정했다는 것이다. 보통 명사로서의 '교장 선생님'은 대책 없는 갑갑한 이미지로 각인되어 있다고 하면서 이번 특집이 그동안 교장은 교사에게, 교사는 교장에게 키워 왔던 불신의 벽에 작은 틈새가 만들어지고 있음을 확인할 수 있기를 바란다고 했다.

선생님, 저는 4 · 19세대입니다. 세월이 흘러 이제는 젊은 세대를 걱정하는 자리에 섰습니다. 이 세상에 태어나서 오늘에 이르기까지 모진 풍파를 겪으며 살아왔습니다. 태평양전쟁 중에 유년기를 보내면서 초등학교 1학년 때 광복을 맞이했고, 초등학교 6학년 때 6 · 25전쟁이 일어나서 전쟁 중에 중학교를 다녔습니다. 보릿고개, 초근목피, 입도선매 그리고 장려쌀 이야기를 들어 보셨습니까? 그 어려운 환경에서도 '불가능은 없다'와 '하면 된다'라고 외치면서 '못한다'를 수치로 알고 살아왔습니다.(중략)

선생님, 우리를 먹여 살리는 것은 국가이지 민족이 아닙니다. 일제강점기 때 우리가 일본으로부터 핍박을 받은 것은 민족이 존재하지 않기 때문이 아니라 국가가 없었기 때문입니다. 지금 우리가 북한보다 잘 살게 된 것도, 미국이 지금 세계를 제패하고 있는 것도 민족이 아닌 국가의 힘이 아니겠습니까? 정권과 국가를 혼동하고 적과 우방을 구별 못하는 이념적 색맹이 된 선생님을 보면 답답합니다. 정권은 유한하나 국가는 영원한 존재입니다. 자신의 국가 체제를 부정하는 것을 허용하는 나라가 과연 이 지구상에 있습니까?

일부 젊은 교사들은 자신이 의도한 것이 성취되지 않았을 때 자신에게 문제가 있다고 생각하기보다는 법과 제도에 책임을 돌리고 있습니다. '교육의 민주화'를 내걸고 '진리와 양심'을 들먹입니다. 교장으로부터 질책을 받으면 민주투사가 되는 것도 보았습니다. 아집과 독선을 철학과 신념이라고 포장하는 사람도 보았습니다. 교장은 하늘에서 내려온 사람도 아니고 땅에서 솟아난 존재도 아닙니다. 특별한 사람만이 교장이 되는 것도 아니고 결국 교사가 교장이 되는 것입니다. 교사의 입장에서 보면 오늘의 교장은 내일의 나의 모습일 뿐입니다.

지금 학교는 교사들의 냉소주의, 부장 교사의 기회주의, 교감의 적당주의, 교장은 무사안일주의로 표류하고 있습니다. 이대로 가다가는 머잖아 타율에 의해 변화를 강요당할 수밖에 없을 것입니다. 이미 그때가 다가온 것 같습니다.

교장의 영(令)을 세워야 합니다. 권위주의는 배격하되 권위는 살려야 합니다. 교장은 잘못된 여론에 끌려 다니고 인기에 영합해서는 안 됩니다. 잘못된 여론을 수정할 수 있어야 합니다. 불합리한 요구인 줄 알면서도 이를 받아들이고, 불성실한 근무 자세에 대해서도 못 본 체하는 사례가 많습니다. 어떻게든 학교가 시끄럽지 않게 해야겠다고 생각하기 때문이죠. 교장의 지도력은 강하기만 해서는 안 되지만 그렇다고 무기력해서도 안 됩니다. 탄력성과 유연성을 보여 주어야 하지만 때로는 의연하고 단호해야 하지 않겠습니까?

어느 선생님으로부터 "아이들을 이기려고 하면 교직 생활을 못한다"는 이야기를 들은 적이 있습니다. 교사의 말이 전혀 먹혀 들어가지 않는다는 겁니다. 수업을 마치고 교무실로 돌아온 선생님들은 전쟁을 하고 돌아왔다고 합니다. 교장의 영이 무너져 버린 그 자리에 교사들의 영이 설 리가 없습니다. 아이들은 어른의 등을 보고 자랍니다. 학생은 선생님이 '하라는 대로' 하지 않고 선생님이 '하는 대로' 하는 존재입니다.

선생님, 명령의 시대가 가고 참여의 시대가 왔습니다. 학교는 정치논리가 아닌 교육논리로 운영해야 합니다. (중략) 우리 몸에 머리, 가슴, 배, 팔다리가 있듯이 학교도 마찬가지입니다. 그런데 모두 머리가 되겠다고 하면 교육이 어떻게 되겠습니까? (중략)

선생님, 저는 학교장으로서 '하라'고 명령하기보다 '하자'라고 말할 것입니다. 앞에서 끌고 가기보다 뒤에서 밀어 주는 교장이 되도록 노력하겠습니다. 우리 함께 갑시다. 같이 가야 합니다. (후략)

내게 많은 전화가 오고 글을 보내왔다. 전교조 교사로부터 온 것이다. 김주철 영주공고 교사는 《우리교육》 9월호에 나의 글을 읽은 소감을 올렸다.

전교조가 나를 '뉴리더로서의 교장'으로 선정해 준 것에 감사한다. 그러나 지금 교육현장은 어떻게 되었는가. 갈등보다 더 무서운 무관심이 자리 잡고 있다. 교장은 이름뿐인 식물 교장이 되었고, 전교조는 법외노조가 되었다. 1998년, '대화의 창문을 활짝 열자'고 프러포즈한 것을 한걸음 나아가 '각자 자기부터 시작하자'고 했던 전교조가 아니었던가. "이렇게 가다가는 타율에 의해 구조조정을 당할 수밖에 없을 것이다"라고 한 나의 예언은 슬프게도 현실이 되었다.

교장이란 자리

나는 매년 서울대학교와 한국교원대학교에서 실시하는 교장 자격 연수에 강사로 초청받아 나갔다. 교장으로 첫발을 내딛는 선생님들이었다.

냇물에서 노는 송사리를 보면 재미있다. 떼를 지어 움직인다. 하늘을 나는 기러기도 재미있다. 한 줄로 서서 오르고 내린다. 열대 지방의 얼룩말도 수십, 수백 마리가 무리 지어 달리는데 거기에는 분명히 질서와 규칙이 있고 리더가 있다. 인간 사회도 마찬가지다. 학교라는 곳도 예외가 아니다.

누구나 〈북풍과 태양〉에 관한 이솝 이야기를 알고 있을 것이다. 북풍은 세찬 바람을 몰아쳐서 나그네의 외투를 벗기려 하지만 찬 바람이 불면 불수록 나그네는 외투를 몸에 감싸안는다. 그런데 태양이 따뜻한 빛을 쏟아 부었더니 나그네는 더워서 스스로 외투를 벗어 버렸다. 교장의 리더십에도 북풍형과 햇볕형이 있다. 옷을 벗기려고 하면 햇볕형이 좋겠지만 반대로 옷을 입히려고 할 때는 북풍형 리더십이 필요한 것이다.

우리가 차를 운전할 때 항상 액셀을 밟는 것은 아니다. 때로는 브레이크를 밟을 때도 있다. 북풍형은 질책이고, 햇볕형은 칭찬이다. 질책은 나쁜 점을 고치는 데는 효과가 있지만 훌륭한 점을 기르지는 못한다. 인간은 칭찬을 받게 되면 변신이 일어난다. 하고자 하는 용기가 생기고 힘이 솟는다. 마음의 엔진에 불이 붙는다. 칭찬을 받아 자기가 해야 할 일을 알게 되면 해서는 안 되는 일까지 저절로 알게 된다.

어느 재벌 기업체에서 사원을 대상으로 설문 조사를 했다. 술좌석에서 가장 많이 하는 말은 상사에 대한 욕이고, 가장 바라는 것은 상사로부터 칭찬받는 것이라는 반응이 나왔다. 학교 사회도 마찬가지다. 교장 시절 가급적 교사들의 장점을 발견하려고 노력했다. 지도자로부터 칭찬을 받으면 단순히 즐거운 것에 그치지 않고 칭찬해 준 지도자에 대한 신뢰감을 갖게 된다.

지난날 세 가지 타입의 교장을 만나 보았다. 첫 번째, 사무적인 행정가다. 교내를 한 바퀴 돌면서 문제점을 지적하고 지시한다. 책망을 받게 되면 교사들은 대부분 "예, 예" 하고 이를 인정한다. 그러나 잘못을 인정했다고 해서 마음까지 승복하고 있는 것은 아니다.

두 번째, 교사들의 자율에 맡기는 교장이다. 모든 것을 믿고 교사들에게 맡긴다고 해서 일이 잘 돌아가는 것은 아니다. 인간은 본래 서 있으면 앉고 싶고, 앉아 보면 눕고 싶은 존재다. 학교 생활에서도 약간의 긴장은 활력소가 된다.

세 번째, 일할 분위기를 조성하는 교장이다. 일반적으로 교장의 지도력은 주로 언어에 의해 이루어진다. 그러나 교사들의 마음을 사로잡는 것은 언어가 아닌 분위기다. 분위기를 만들어 주면 교사들은 각자 자기가 할 일을 찾아 나서게 될 것이다. 교장은 가급적 말을 줄이되 교사들의 말은 많이 들어주어야 한다. 교사들의 말을 많이 들으려면 인내심이 필요하다. 교장의 리더십은 강하기만 해서도 안 되지만 무기력해서도 안 된다.

실제 지난날은 학교장이 맨 앞에 서서 깃발을 높이 올리고 나를 따르라고 하면 그에 호응해 주었다. 그런 교장을 학교의 기관차라고 했고 그것을 교장의 역량이라고 보았다. 기관차는 차량을 끌고 간다. 그러나 그런 식의 학교 운영은 옛날이야기다. 이제 교사들은 단순한 객차가 아니다. 요즘은 각각의 차량에 선두 차량과 똑같은 견인 장치가 마련되기 시작했다. 모든 차량이 자력으로 움직일 수 있게 되었다. 견인차만이 아니고 하나하나의 차량이 판단력을 가지며 제어력, 정보 처리 능력까지를 갖는 시대가 이미 왔다.

그러나 각각의 차량이 제멋대로 판단하고 달린다면 그것도 큰일이다. 각각의 차량이 갖고 있는 기능을 총괄해서 조정할 필요가 있다. 이것이 바로 교장이 해야 할 일이다.

유명한 오케스트라의 지휘자는 연주자와 호흡이 잘 맞는다. 지휘자인 교장이 아무리 창의성을 발휘해서 목표를 정하고 계획을 세워도 연주자인 교사와 호흡이 맞지 않으면 모두 헛일이다. 연주자는 각기 다른 악기를 갖고 있고 그 악기의 소리 또한 제각각이다. 연주자는 자기 소리를 내기 위해 최선을 다한다.

그러나 아무리 연주자가 악기를 잘 다룬다 해도 지휘자의 지시를 제대로 따르지 않는다면 전체적인 조화를 기대할 수 없을 것이다. 지휘자가 서 있는 자리는 연주자의 자리보다는 조금 높다. 연주자가 잘 보이는 곳에 위치하고 있어야 하기 때문이다. 그것을 두고 권위주의라고 하지는 않는다.

나는 새 시대 교장의 자질을 정리해 주었다. 첫째, 시대적 감각과 위기관리 능력이 필요하다. 둘째, 잘못된 여론을 시정할 수 있는 굳은 신념이 필요하다. 셋째, 교장의 지도력은 탄력성과 유연성을 가져야 한다. 길 한가운데 바위가 있다고 해서 이를 치우고 가는 것이 능사는 아니다. 때로는 넘어갈 수도 있고 돌아갈 수도 있는 것이다.

교장에게 필요한 것은 지식이 아니라 지혜다. 지혜는 이론과 경험의 배합에서 나온다. 교장은 리더가 되어야지 보스가 되어서는 안 된다. 보스는 '가라'고 명령하지만 리더는 '가자'고 권한다. 보스는 군림하지만 리더는 동참한다. 보스는 뒤에서 밀지만 리더는 앞에서 끌어 준다.

나는 신임 교장 연수회를 비롯해 전국적으로 교장 연수 프로그램에 많이 참가했다. 그때마다 교장의 리더십 이야기를 많이 했는데, 지금 생각하면 그분들에게 민망하고 죄스러움을 금할 길이 없다. 지금 학교 현장은 교장의 리더십이 제대로 발휘될 수 있는 분위기가 아니다. 그것은 교장의 인격과 덕목의 문제가 아니다. 제도상의 문제다. 학교운영이 제대로 되려면 학교장 책임경영제도가 확립되어야 한다. 학교장에게 권한을 주고 책임을 엄격히 물어야 한다.

지금은 학교장에게 권한도 주지 않고 책임도 묻지 않는다. 학교는 바다에 표류하는 난파선이나 다름없다. 교육원리가 아닌 정치논리가 학교를 지배하고 있다. 대표적 사례가 혁신학교다. 혁신학교는 학교 운영권에 필요한 주요 사항을 교사 모임에서 결정한다. 좌파 교육감은 혁신학교에 대해 다른 일반 학교와는 달리 선심성 예산을 특별 지원해 학생 복지에만 쓰게 한다. 학부모는 내용도 잘 모르고 다른 학교와 달리 학생 복지를 위해 돈을 쓰고 있어 박수를 보낸다.

교육의 민주화라는 이름 아래 교사들이 학교 운영권을 장악하고 교장은 하루아침에 식물 교장으로 전락했다. 이는 회사를 주주가 아닌 사원 총회 결의에 의해 운영하는 것과 같은 것이다. 혁신학교 발상 자체가 놀랍기만 하다. 이런 제도 아래서 어떤 교장이 제대로 학교 교육을 할 수 있겠는가. 학교장 책임 경영제 확립 없이 학교의 정상화는 기대할 수 없다. 내가 나설 수밖에 없는 이유가 바로 여기에 있다. 그간 기울여 온 노력을 허공으로 날려 보낼 수는 없지 않은가.

현대사 특강

2007년, 평소 우리나라 교과서가 문제가 많다고 생각해 온 사람들이 한데 모였다. 서울시의회 내 의원 사무실에서 모여 의논을 했다. 현재 학교에서 배우고 있는 고교 교과서를 수합하여 면밀히 검토하였다. 도덕, 윤리, 국어, 사회, 한국 근현대사, 정치 교과서가 대상이었다. 그중에서도 국사, 국사 중에서도 현대사를 중심으로 집중 분석했다.

대한민국 건국의 정당성과 정통성 및 정체성을 부정하거나 폄훼하는 내용이 허다했다. 집단행동을 긍정적으로 다루면서 공권력을 부정적으로 기술함으로써 대의제도에 대한 왜곡된 인식을 유도하고 있다. 세계를 경탄케 한 비약적인 경제성장과 이를 가능하게 한 정치적 지도력과 제도적 장치들에 대한 설명은 없다. 오로지 '민주화 투쟁사' 차원에서 기술함으로써 학생들에게 부정적인 국가관을 심어 주고 있다.

반면 북한에 대해서는 수백만 명의 아사자와 수십만 명의 탈북자를 발생시킨 경제적 파탄과 원천적인 인권 탄압은 보이지 않는다. 민주주의를 송두리째 거부하는 수령 독재와 전근대적인 권력세습 등 폭정의 실태 및 북한의 6 · 25전쟁 도발과 대남 무력 · 폭력 도발행위는 아예 취급을 하지 않거나 긍정적으로 기술하기도 했다.

드디어 '현행 교과서 실태 분석과 개선 방안'을 내놓았다. 이동복, 이명희, 김재복, 김광동 등 8명이 참여하였다. 나도 연구진의 한 사람으로 참가하였다. 개선 방안으로 교육부에 편수국 부활, 국사 교과서 국정화, 검정 기준 강화를 내놓았다. 보고서를 통해 우리 뜻을 정부에 건의하였으나 반영되지 않은 채 새로운 교과서가 나왔다. 새로 나온 국사 교과서도 여전히 문제가 많았다. 좌파적 시각에서 벗어났다는 교학사 교과서가 나왔으나 조직적 방해공작으로 학교에서의 채택이 봉쇄되었다.

내가 할 수 있는 일을 찾았다. 서울시의회 본회의에 교육감을 출석시켜 고교 졸업 예정자를 대상으로 외부 명사를 초청하여 교육하도록 촉구했으나 교육감은 난색을 보였다. 나는 예산 심의 과정에서 3억의 예산을 확보하여 서울시 교육감에게 보내 명사 초청 현대사 특강을 하도록 밀어붙였다. 일부 어두웠던 과거사와 남북분단의 엄혹한 대결 구도에도 불구하고 지금 세계가 선망해 마지 않는 엄청난 성취를 이룩한 자랑스러운 위대한 나라라는 사실을 확인시켜 줄 필요가 있다고 생각했다. 경험 많은 학자, 언론인, 종교인, 탈북인사, 외교관 출신 등 저명한 지식인의 협조를 얻었다. 이동복, 이인호 씨 등과 협의하여 176명으로 '현대사 특강 지원단'을 구성했다. 류근일, 안병직, 강철환 등 70여 명이 열심히 뛰었다.

현대사 특강을 두고 말이 많았다. 나는 2008년 2월 4일 동아일보에 '현대사 특강 왜곡 논란'이라는 제목의 칼럼을 썼다. 서울시교육청이 추진하고 있는 고교생 대상 '현대사 특강'에 대해 일부 언론은 특강 강사 보수 일색, 우편향 등의 제목으로 강사 선정에 무슨 큰 문제가 있는 것처럼 보도하고 있었다. 국회에서는 한 의원이 교육부장관을 출석시켜 현대사 특강은 이념 편향의 산물이고 국가예산으로 교육을 정치화하고, 교육현장을 우편향으로 몰아가려는 것이라는 의혹을 제기하며 추궁했다. 이에 침묵하고 있을 수 없어 나서서 칼럼을 통해 반박했다.

우리 속담에 사돈 남의 말 한다고 응수했다. 국회가 따지려면 좌편향 이념 교과서를 비판하라고 했다. 대한민국을 부정하거나 훼손하는 내용과 북한의 우상 숭배를 찬양, 동조하는 내용을 배워서는 안 되는데 전교조는 노골적으로 반미 · 친북을 가르치고 있지 않느냐고 따졌다. 중 · 고교는 학술 세미나장이 아니며 교과서를 학술지로 착각하지 말라고 경고했다.

나는 특강 강사로 학교를 찾아가 현대사 특강을 했다. '내가 태어나 살아온 길이 한국 현대사다' 라는 제목으로 강연을 했다

나는 2차 세계대전이 한창 진행 중인 시기에 태어났다. 당시 일제강점기에 한국의 아버지들은 일본 보국대로, 누나는 정신대로, 형들은 일본 군대로 끌려갔다. 농사를 지어 놓으면 공출이라는 명목으로 다 빼앗아가고, 만주에서 콩기름 짜고 남은 콩깻묵을 배급받아 먹고 살았다. 모국어를 빼앗은 일제는 한국인에게 내선일체라 하면서 학교에서 한국어가 아닌 일본어를 쓰도록 강요하였다.

해방 되던 해에 나는 초등학교 1학년이었다. 어른들은 소학교, 보통학교라고 불렀지만 일본 천황의 백성, 즉 황국신민(皇國臣民)을 양성한다는 뜻에서 국민학교라고 불렀다. 월사금을 내지 못해 학교를 그만두는 아이들도 있었다. 1945년 해방은 되었지만 무정부상태 혼란기에서 배고픔을 면할 길이 없었다. 우리는 죽으로 연명하고 초근목피로 살았다. 그리고 5년 뒤에 6 · 25가 터져 200만 명의 동족이 희생되었다. 초등학교 6학년으로 피란길에서 숨진 여동생을 어머니와 함께 야산에 묻고 돌아왔다. 그때의 소원은 평화로움 속에서 쌀밥을 실컷 먹는 것이었다. 어려운 시절을 겪으며 교단에 섰다. 주경야독으로 공부하며 아이들을 가르쳤다. 밥 굶고 오는 아이들이 한둘이 아니었다.

1957년 초등학교 교사 월급이 쌀 한 가마니 반이었다. 지금 돈으

로 따지면 한 달에 25만 원 정도의 보수를 받은 셈이다. 그 박봉으로 동생들을 가르쳤고 결혼해 자녀도 키웠다. 나는 배고프지 않으려면 공부하라고 가르쳤다. 열심히 공부했던 제자들이 서독 광부로, 간호사로 나가 외화를 벌어들였다. 월남전에 파병되어 전쟁 수당으로 달러를 보내오고, 열사의 땅 중동에서 피땀으로 벌어들인 외화로 경제건설과 산업화를 달성하였다. 그리고 그 바탕 위에서 민주화를 이룩해 냈다. 우리나라는 세계에서 유일한 분단국가로 북핵의 위협 속에서 살고 있다. 남북 대치 상황에서 남남갈등이 웬 말이냐. 절대적 빈곤세대로서 상대적 빈곤세대에게 조국에 대한 자부심을 가지라.

프랑스의 석학 기 소르망은 《신국부론》(1986)에서 1960년대 저주받은 한국을 이렇게 소개했다.

"국토는 작고 인구는 많고 자원은 없다. 국민의 80%는 문맹이고 외국인과 의사소통은 불가능하다. 식민 착취, 국토 양분, 내란으로 200만 명이 죽었다. 예산의 3분의 1을 국방비로 쓴다. 1961년까지만 해도 전문가들은 이 나라가 끝장났다고 했다. 74개 후진국 명단에서 1인당 국민소득 60위였던 나라가 25년 후에 9위가 되었으니 무슨 요술약이라도 먹었는가?"

짧은 기간에 번영을 이룩한 대한민국의 현대사는 서양인의 눈에 마법으로 비친 것이다.

그런데 우리나라 역사학자들은 한국사, 그중에도 현대사를 갖고

치열하게 싸운다. 외국인이 부러워하는 자랑스러운 역사를 두고 수치와 죄악의 역사라고 폄훼한다. 한국 현대사를 '정의가 패배하고 기회주의가 득세'한 오욕의 역사로 치부하기도 했다. 남 탓, 사회 탓, 국가 탓을 하며 길들여진 나태, 무책임, 방종의 근원이 어디인가를 생각해 보았다. 우파냐 좌파냐, 보수냐 진보냐 하는 이념의 잣대가 아니라 대한민국의 정통성, 과거에 대한 부정이냐 긍정이냐라는 관점에서 역사를 해석해야 할 것이다.

어떻게 현대사가 전쟁 대상이 되었는지 모르겠다. 역사 해석은 객관성이 있어야 한다. 우리가 8 · 15 광복을 맞게 된 것은 연합국의 승리 때문이었다. 그렇다고 우리 민족의 독립운동이 없었다는 이야기가 아니다. 1948년 8 · 15의 건국절을 부정하고 상해 임시정부 수립을 건국절이라고 한다면 그 정부는 일제에 의해 위안부로, 징병, 징용으로 끌려갈 때 어디서 무엇을 했는지 분명히 답해야 할 것이다.

영토를 잃으면 다시 일어설 수 있으나 역사를 잊은 민족은 다시 일어설 수 없다고 한다. 유대민족은 2천 년 간 영토를 잃고 세계 각지를 떠돌았으나 그들의 역사를 잊은 적이 없었다. 그들은 유대의 역사가 적힌 모세 경전 하나를 완전히 암기하지 못하면 성인식을 치를 수 없게 할 정도로 철저하게 자신의 역사를 후손에게 가르쳤다. 지금 우리는 어떻게 하고 있는가.

우리는 해양세력과 대륙세력 틈바구니에서 930회가 넘는 외침을 물리쳤다. 바른 역사 교육이 국가의 힘이다. 우리가 그 험한 세월을 어떻게 살아왔는데 말이다. 대한민국, 우리가 어떻게 세운 나라인데, 우리가 어떻게 지킨 나라인데, 우리가 어떻게 발전시킨 나라인데, 역사를 왜곡하고 이 나라를 조롱하고 여기에 침을 뱉는가.

밥상머리 교육

서울시의회가 서울시내 초·중학교 전면 무상급식 조례를 몸싸움 끝에 일방적으로 통과시켰다. 지방선거에 이어 2012년 총선과 대선에서도 무상급식 공약으로 재미 좀 보겠다는 민주당의 저의가 드러났다. 여성 유권자, 특히 가정주부들의 표를 공략하겠다는 전략이다. 우리는 남미 정치지도자들이 포퓰리즘으로 나라를 거덜 낸 것을 잘 알고 있다. 그런데 무상급식 추진은 대중인기영합주의 차원을 넘어 국민을 대상으로 사기극을 연출하고 있는 것이라고 하겠다.

무상급식은 결국 돈이다. 공짜 선전은 국민을 속이는 행위다. 무상급식을 하려면 연간 수조 원의 막대한 자금이 필요하다. 자금조달은 국민들로부터 세금을 더 걷거나 외국에서 빚을 더 가져오는 방법밖에 없다. 세금으로 급식을 하면 납세자가 밥값을 내는 유상급식이고, 외국 빚으로 급식을 하면 먹은 학생이 장차 이자를 붙여 밥값을 내는 외상급식이 된다. 나라 빚이 400조 원, 연간 이자가 23조 원에 달한다. 국채, 지방채로 해결할 공산이 높다. 재주는 곰이 부리고 돈은 되놈이 챙긴다는데, 재주도 돈도 다 챙기겠다는 심사 아닌가.

무상급식은 보편적 복지라는 이름으로 아이들을 팔지만, 최종 목표는 비정규직 노조 결성이다. 무상급식을 하려면 직영급식을 해야 한다. 학교에 조리종사원, 잡역부 등을 다수 고용해야 한다. 이들이 전교조 지원 아래 학교별로 비정규직 급식노조를 결성하고 민노총에 가입하게 되면 순식간에 전국적인 조직이 된다. 벌써 학교 비정규직 노조가 결성되었다. 전교조나 공무원 노조는 단체행동권이 없지만 학교급식노조는 단체행동권까지 행사할 수 있어 마음만 먹으면 파업하고, 정치판에 끼어들 수 있다.

이 지구상에 100% 무상급식을 하는 나라는 스웨덴과 핀란드 외에는 없다. 경제대국이 무상급식을 하지 않는 것은 돈이 없어서가 아니다. 모든 아이들에게 똑같은 음식을 강제로 먹이는 것은 인권 문제라는 인식 때문이다. 아이들은 가축이 아니다. 건강, 취향, 체질, 컨디션이 각기 다르다. 그래서 점심은 도시락이나 매식이나 개인이 해결할 사항이라는 것이 호주, 뉴질랜드의 학교급식 정책이다. 다만 학교는 빈곤층 아이들에 대한 특별 배려와 도시락 미지참자를 위한 식당 등 편의시설을 마련하면 된다.

우리나라 교장들은 어찌하여 교실보다 식당에 매달려야 하나. 지금 우리가 꼭 해야 할 일은 밥 공짜로 먹이는 일이 아니라 밥상머리 교육이다. 기본 예절과 질서를 배우고, 공동체 생활의 지혜를 익히며, 감사하는 마음과 경제와 환경을 생각하는 교육이다. 급식 방법을 도시락이든 직영이든 위탁이든 학교 자율에 맡기면 된다. 염불보다 잿밥 생각하는 정치권이 물러나면 만사가 해결된다.

옛 우리 조상은 밥상머리 교육을 하였다. 밥상머리에서 가족의 안위를 확인하고 기본 질서를 가르쳤다. 밥상머리 교육은 근검절약을 실천하는 경제교육장이었고 환경교육의 장이었다. 공동체 의식을 함양하고 남을 배려하고 순서와 염치를 가르치며 밥을 먹게 해 준 사람들에 대한 고마움을 일깨워 주었다. 지금 우리는 한 끼의 밥상머리 교육에는 관심이 없고 식사 한 끼로 생색을 내느냐는 정치 꼼수에 빠져 있다.

교육부에 재직하면서 《밥상머리 교육》 책자를 만들어 전국 학교에 배포했다. 간결한 설명에 만화를 곁들인 재미있는 작은 책자였다. 이 책자에 대해 조선일보 이규태 코너는 "연산군도 숭례문 밖 강희맹 집에서 밥상머리 위탁 교육을 받은 바 있다" 하면서 칭찬했고, 동아일보 횡설수설에서도 '밥상머리 교육은 우리 조상들의 슬기'라면서 호감을 나타냈다. 1992년 6월, 전남 신안군 암태도 섬마을 학교에 장학지도를 하러 갔더니 전교생이 《밥상머리 교육》 책을 갖고 있었다. 원본을 복사해서 학생들에게 나눠 준 것이었다.

아이들에게 급식 선택의 자유를 보장해야 한다. 강제급식은 헌법상 행복추구권을 침해하는 것으로 대부분의 선진국은 거주 이전의 자유, 직업 선택의 자유와 같이 급식 선택의 자유를 인정해 주고 있다. 아이들은 건강, 체질, 취향이 각기 다르고 소아비만, 당뇨, 아토피 문제가 심각한 상황에서 일방적 강제급식은 지양해야 한다.

지금 우리가 꼭 해야 할 일은 밥을 공짜로 먹이는 일이 아니라 식교육이다. 밥상머리는 지 · 덕 · 체를 가르치고 배우는 전인교육의 장이다.

일본은 밥상머리 교육이 한창이다. 우리는 의식주라고 하지만 일본에서는 식의주라고 부른다. 도쿄에 가서 식육(食育) 관련 책을 십여 권 구해 초등학교 선생님으로 구성된 바른교육연구회에 전해 주었다. 시의회 예결위원이 된 나는 1억 예산을 확보해 식생활 교육 자료를 제작해 교사와 학부모를 대상으로 교육하도록 지원했다. 그래서 초등학교 전현직 교장들이 식생활 교육을 활발히 진행했다.

뜨거운 감자

나는 한때 전교조와 함께 우리나라 교육을 바로잡아 보자는 꿈을 꾼 적이 있다. 내 눈에 교육개혁을 할 수 있는 역량을 갖춘 주체는 전교조로 보였다. 교육개혁이 안 되는 이유는 개혁 의지가 있는 사람은 힘이 없고, 힘이 있는 사람은 개혁 의지가 없기 때문인데 전교조는 의지와 힘을 모두 갖추고 있다고 보았다. 그러나 불행하게도 이러한 나의 기대는 빗나갔다. 그들은 정도를 벗어나 갓길 운행을 계속했다.

나처럼 전교조와 많은 대화를 나눈 사람도 없을 것이다. 또한 나처럼 전교조에 대해 쓴소리를 많이 한 사람도 드물 것이다. 전교조 위원장과 민주노총 위원장을 지낸 이수호를 비롯하여 김귀식, 이부영, 이수일, 장혜옥, 정진화 전 위원장들을 신문과 방송에서 만나 머리를 맞대고 토론하며 교육을 걱정했다. 그 밖의 전교조 간부들과도 텔레비전, 라디오, 세미나에서 만나 의견을 나누었다.

감옥에 가고 학교에서 파면되고 해임되는 등 그 숱한 험난한 길을 택했던 그들이 전혀 생각 없는 사람들이라고는 여기지 않았다. 그러기에 전교조에 대한 긍정적 사고를 가져 보려고 노력했으며 그들에게 희망을 걸어 보기도 했다. 하지만 전교조를 연구하고 대화를 하면 할수록 실망도 커졌다.

한 전교조 핵심 인물은 "교사의 역할은 정치적으로 억압받고, 경제적으로 착취당하고, 사회적으로 소외되어 있는 사람들을 깨우치는 데 있다"고 했다. 그들은 우리 사회를 모순 덩어리로 보고 이념화되고 권력화의 길로 빠져들어 갔다.

1989년 5월 서울시 전교조 결성식이 열리기 전날, 조선일보는 전교조 운동에 관련된 특집기사로 두 면을 할애했다. 나와 이부영(전교조위원장), 차경수(서울대 교수) 간의 대담이었다. '생방송 KBS TV 심야토론'에만 여섯 번 출연한 바 있는데, 그중 네 번이 직·간접적으로 전교조와 관련된 것이었다. ① 교육관계법 개정, 그 쟁점은 무엇인가? ② 교원 단체행동권, 어떻게 할 것인가? ③ 교단 갈등, 어떻게 볼 것인가? ④ 사도(師道), 어디로 갔나? 이런 주제를 갖고 토론했다.

그 외에도 MBC, SBS, EBS, K-TV, R-TV, TV N, A TV 등에 50여 차례 출연했다. 교육부 전 직원 대상 연수는 물론 전국 시도교육청과 교원연수원 그리고 교원대학교와 서울대학교의 초청으로 장학진과 교장을 대상으로 전교조의 실체와 대응 방안에 대해 강의하였다. 전경련, 포스코, 한일협력위, 국가안보포럼, 21세기연구포럼, 평화포럼 등에서도 전교조 관련 강연을 했다.

2008년 《전교조 증후군》 상 · 하권을, 2011년에는 《2012년 선거와 전교조 대책》을 발행 보급하였다. 또 〈김진성의 전교조 어록 21〉도 발표했다.

지금 한국 사회가 전교조 앞에서 떨고 있다. 전교조는 교육의 벽을 넘어섰다. 제도권으로 들어왔지만 그 행태는 재야 운동권 방식 그대로다. 합법화된 후 법의 테두리 안에서 활동해 줄 것이라 기대했으나 빗나갔다.

"의식은 투쟁 속에서 고양된다는 것을 명심하라."

"타협은 전술적인 것이지 원칙적인 것이 아니다."

"합법성을 부인하는 체제에 대한 투쟁은 필연적이며 정당한 것이다."

이것은 합법성이 보장되지 않는다면 계속 싸우겠다는 뜻 아닌가. 법외노조 전교조가 가는 길이 보인다. 전교조라는 색안경을 끼고 보면 애국조회는 식민지 문화의 잔재이고, 안보교육은 반통일교육이고, 충효교육은 정권유지 교육이며, 국 · 검정 교과서는 기득권 세력의 체제유지 수단이 된다.

'생방송 KBS TV 심야토론'에 출연했을 때의 일이다. 함께 출연한 모 전교조 위원장이 우리나라 교육의 문제점을 조목조목 지적한 다음 "우리는 월급 올려 받기 위해 노조를 하는 것이 아니라 참교육을 위해 노조를 하는 것이다"라고 말했다.

나는 찬스를 놓치지 않았다.

"현대자동차 노조가 좋은 자동차를 생산하기 위해 노조를 만들었다는 말입니까? 노조는 조합원의 권익을 위해 존재하는 것이지 손님에게 좋은 물건, 서비스를 위해 있는 것이 아니잖습니까?" 하고 공격했더니 응답이 없었다. 아니 응답을 할 수가 없었던 것이다.

나는 기회 있을 때마다 우리나라 지식인의 최대 무지는 "전교조여, 초심으로 돌아가라"는 말이라고 지적해 주었다. 참교육을 하려면 교사들이 노조를 만들어서는 안 된다고도 했다. 노조 활동은 학생의 학습권 침해가 불가피하기 때문이다.

2007년 서울시의회 의원이 되어 서울시 교육감과 교원노조 간에 체결한 단체협약을 무효화시키는 데 주도적 역할을 하였다. 단체협약 내용을 살펴보니 교육정책, 학교 경영, 인사 문제 등 전교조의 불법적 요구를 교육감이 여과 없이 수용한 것이었다. 나는 이 단체협약을 '전교조에 바치는 교육감의 항복 문서'라고 규정지었다. 여야 의원을 설득하여 서울시의회 본회의에 '단체협약 폐기 촉구 결의안'을 발의했다. 민노당 의원을 제외한 전원 찬성으로 본회의를 통과하였다. 이렇게 해서 서울시 교육감으로 하여금 단체협약을 해제토록 했다. 서울에서 전교조와의 단체협약이 해제되자 다른 시 · 도 교육청이 뒤따라 이를 시행했다.

사람들은 내게 묻는다. 뜨거운 감자인 전교조를 어떻게 다루느냐고. 그리고 전교조로부터 공격을 받지 않느냐고 반문도 한다. 정치권의 전교조에 대한 정책은 극명하게 갈린다. 한쪽에서는 전교조를 정치적으로 이용하려 하고, 다른 한쪽에서는 뜨거운 감자라고 만지려 들지 않는다. 그래서 근본적 해결이 안 되고 헛바퀴만 돈다.

국회를 보면 전교조는 환경노동위원회 소관으로 되어 있다. 전교조가 교육 문제로 말썽을 피우지만 국회 교육위는 소관 사항이 아니라 관여하지 않고, 환노위는 전교조가 노동문제로 말썽을 부리지 않으니까 다루지 않는다. 이런 사각지대에서 전교조는 고삐 풀린 망아지가 되었다.

제2부

바보들의 행진곡

토사구팽(兎死拘烹)

'국민의 정부'가 들어서자 KBS TV에서 제2건국을 홍보하는 공익 광고가 나갔다. 연세가 지긋한 곱상한 할머니 한 분을 모델로 등장시켜 '기본이 바로 선 나라'를 강조하면서, 아이들에게 친절, 청결, 질서를 생활화하자는 캠페인을 벌였다. 알아보니 모델로 나온 분은 일찍이 목포사범학교를 나와 서울 후암초등학교에 근무하는 현직 여선생님이었다.

그분은 교육자로서 주변의 칭송이 자자했다. 학년 초 그분이 담임을 하면 아이들이 소리를 지르며 좋아한다는 것이다. 할머니 선생님을 무조건 싫어할 줄 알았는데 의외였다. 그런데 그 선생님은 나이가 많다는 이유로 학교에서 쫓겨났다.

65세 정년 조항이 있어도 평교사들은 정년을 채우는 사람이 많지 않은데, 교원 정년 단축이라는 카드를 꺼내든 것은 그 목적이

다른 데 있었다. 정년 단축을 추진하는 이해찬 교육부장관은 내가 근무하는 학교의 학부모였고, 그 부인은 학교운영위원회 위원장이었다. 교장과 교사 간의 갈등으로 전임 교장이 다른 학교로 간 다음 내가 부임해서 학교의 혼돈 상황을 수습하고 있는데, 정년 단축이라는 뜻밖의 소식이 들렸다.

정년 단축 대상자는 과연 누구인가. 그들은 어떻게 살아온 사람들인가.

지난날 서구가 300년에 걸쳐 이룩해 낸 근대화를 일본은 100년에 걸쳐, 한국은 이를 다시 앞당겨 30여 년 만에 이루어 냈다. 정년 단축 대상이 된 나이든 교원들은 GNP 100달러 시대를 전후해서 교직에 발을 들여놓은 이들이다. 가난을 딛고 역경을 헤치며 한눈팔지 않고 오직 앞만 보고 달려온 사람들이다. 경제가 한창 좋아 교원들이 산업계로 썰물처럼 빠져나갈 때도 교단을 지켜 조국 근대화의 기틀을 마련한 사람들이다. 기업을 경제 발전의 견인차라고 한다면, 그 기업이 달릴 수 있도록 레일을 부설한 사람들이 다름 아닌 원로 교육자들이다.

토사구팽, 그대로 바라보고만 있을 수는 없었다. 한국교육정책연구회 이름으로 교원 정년 단축에 대한 토론회를 열었다. 국회 헌정기념관 1, 2층 자리가 꽉 차고 앉을 자리가 없어 복도나 계단에 앉거나 뒤에 서 있는 사람들도 많았다. 교원 정년 단축 정부안에 대한 성토장이 되었다. 토론자로 나온 모 대학교수가 정부안을 지지하는 발언을 하자 흥분한 청중들은 "어떻게 교수는 괜찮고 초 · 중 · 고 교원만 한다는 말이냐"며 격하게 항의했고, 그 교수는 피신을 해야 했다.

'바른 사회를 위한 시민회의' 창립 포럼에서 서울대 김신일 교수와 내가 교육 부문 주제 발표를 했다. 그날 나는 "오늘의 위기 상황을 두고 한국의 지식인은 무엇을 했는가? 침묵이 결코 면책 사유가 될 수 없다"고 소리를 높였다. 정치, 경제, 사회, 교육 관련 8명의 발표자 중 나를 제외하고는 모두 대학교수였다. 얼마 뒤 동아일보에 서울대 오세정 교수의 칼럼이 실렸다. 그는 '지식인은 반성해야'라는 제목을 붙이고 '정부의 잘못된 교육정책에 대해 그동안 지식인은 무엇을 했는가?'라는 질타에 많은 부끄러움을 느꼈다고 했다. 그러면서 교원 정년 단축을 실례로 들었다. 지난번 포럼에 참석했던 오 교수가 내가 쏟아놓은 항변에 대해 응답한 것이라고 생각한다.

나는 정년 퇴직한 뒤에도 정년 환원 운동을 줄기차게 벌였다. 국회에서 열린 공청회에서 한국교총 이군현 회장은 63세로 1년만 연장해 달라고 호소했으나 나는 65세 환원을 주장했다. 정년은 구걸할 일이 아니라 빼앗긴 권리를 되찾는 일이며 교원의 자존심을 살리는 일이라고 생각했기 때문이다.

장관이 바뀔 때마다 '교육자를 존경하자'며 입바른 소리를 하다가 이제 나이가 들었다고 일찍 학교를 떠나라니, 이런 것을 보고 아이들은 무엇을 배우겠는가? 정년 단축을 관철시키기 위해 장관은 일부 교사들의 촌지 문제를 침소봉대하고, 학생 인권이라는 이름 아래 체벌 문제를 사회적 이슈로 부각시켰다. 교원을 개혁 대상으로 삼는 데 학부모와 언론을 동원했다. 선생님들의 자존심은 아랑곳하지 않았다.

교원들의 명예와 사기는 땅바닥에 내동댕이쳐졌다. 학생들의 교사에 대한 불신이 증폭되면서 교실 붕괴는 가속화되어 갔다. 정부는 원로 교원 한 사람을 내보내면 신참 교원 2.5명을 채용할 수 있다고 선전했다. 인건비를 절감하면 교육예산에도 도움이 된다고 선동했다.

그러나 그 자체가 거짓인 숫자놀음이었다. 퇴직 교원에게는 법정 퇴직금 외에 명예퇴직 수당을 보태 주었다. 관련 예산이 부족하자 이 장관은 시 · 도 교육청이 기채를 해서라도 원로 교원을 퇴출시키라고 종용했다. 그 결과 시 · 도 교육청은 1조 원이 넘는 관련 예산 확보를 위한 지방채 발행의 부담을 수년 짊어지게 되었다. IMF 위기를 맞아 국가 재정을 생각해서라도 퇴직하려는 원로 교사들을 오히려 만류했어야 했다.

이 장관에 의한 교원 개혁이 남긴 후유증은 이후 상당 기간 계속되었다. 땅에 떨어진 교원 사기로 인해 명퇴 신청을 한 교원이 매년 줄줄이 늘어났다. 그 결과 전국적인 교원 부족 현상이 발생했다. 이를 타개하기 위해 중등 자격 교원을 초등에 배치하는 미봉

책이 시행되었고, 퇴직한 교원을 다시 계약직 교원으로 한시적 채용하는 어처구니없는 사태가 오랫동안 계속되었다.

기실 교원 정년 단축에는 음험한 정치적 계교가 숨어 있었다. 당시 김대중 정부는 지지 기반인 전교조를 합법화시키면서 반대 세력인 관리자 교장, 교감과 한국교총의 세력을 약화시킬 필요가 있었다. 교원 정년 단축은 전교조 출범 당시 최대 걸림돌이었던 이들 보수 교원 세력을 걸러내기 위한 묘책이었다. 순수한 교육적 배려에서 출발한 것이라면 연령과는 관계없이 능력과 자질을 잣대로 삼아야 했다.

그 단적인 예가 첨예한 쟁점이 된 정년 단축 문제를 두고 전교조가 시종일관 먼 산만 바라보는 자세를 취하고 있었다는 사실이다. 좁쌀 같은 작은 일에도 팔 걷고 나서서 큰소리치던 전교조가 왜 정년 단축 문제를 방관하였을까? 거기에는 김대중 정부와 이해찬 장관, 그리고 전교조의 계산속이 도사리고 있었던 것이다.

당시 청와대가 발표한 '국민의 정부 출범 3년 주요 성과 및 향후 과제(2001. 2. 20 교육소식)' 자료에 따르면, '국민의 정부 3년, 교육 발전을 위해 이렇게 일했습니다' 라는 제하에서 초·중등 교원 정년 단축으로 교직 사회가 활성화되었다고 자랑하고 있다. 특히 일선 학교장의 교체(8,177명 중 72.5%인 5,929명)를 강조하고 있다. 전교조의 최대 장애물인 원로 교원들을 걷어낸 것이다.

당시 전교조의 침묵은 역사에 기록될 것이다. 침묵은 결국 찬성

아닌가. 이 지구상에 조합원의 정년 단축을 찬성하는 노동조합이 또 있을까. 그들이 하늘로 향해 던진 돌은 시간이 지나자 이제 자신들의 머리 위로 떨어지기 시작했다.

OECD 대부분 국가의 교원 정년 연한은 65세다. 영국은 계약제로 70세까지 가능하며, 독일, 스페인, 스웨덴, 호주, 프랑스 등은 65세다. 노르웨이는 67세, 브라질은 남자 70세, 여자 65세다. 우리나라 교원 정년을 65세로 정했던 때보다 평균 수명이 20세 이상 늘어났음에도 불구하고 정년을 3년 단축했으니 역사의 수레바퀴를 거꾸로 돌린 셈이다.

괘씸죄

현직에 있으면서 장관이나 교육감에게 직언을 자주 했다. 엄격한 공직사회 위계질서 속에서 결코 쉬운 일이 아니었다. 그러나 이는 나의 몫이었는지도 모른다. 누구에게나 소신껏 할 말을 하며 살아왔다. 잘못된 것을 그냥 보고 지나치지 못하는 편이었다. 그것이 병이고 탈이었지만 그것이 나를 키워 준 원동력이 되기도 했다.

1980년대 중반까지만 해도 대통령이 외국에 나갈 때나 귀국할 때면 초·중·고교 학생들이 동원되어 길가에 줄을 서서 태극기를 흔들었다. 국군의 날이면 학생 수천 명이 여의도 광장에 나가 카드 섹션을 했다. 학교별로 3주일 정도 연습한 다음, 최종 일주일은 모든 학교 학생들이 여의도 광장 뙤약볕 아래 모여 연습했다. 얼굴이 까맣게 타는 것은 둘째치고, 힘에 겨워 쓰러지는 학생이 한둘이 아니었다.

국군의 날 행사 실무자인 현역 중령이 학생 동원 협조를 구하러 여러 차례 찾아왔을 때 어렵다는 점을 자세히 설명했는데도 협조 공문이 계속 내려왔다. 화가 치밀었다. 내가 고분고분 말을 듣지 않자 국군의 날 제병 지휘관인 J중장이 군복 차림으로 참모를 대동하고 교육감실을 찾아왔다. 교육감은 실무자인 나를 불렀다.

"교육감님 그리고 장군님, 학생은 동원의 대상이 아니라 참여의 주체가 돼야 합니다. 이제는 학생 동원이 어렵습니다."

겁이 났지만 오기가 발동해 끝내 주장을 굽히지 않았다. 그 뒤부터 학생을 길거리나 광장에 동원하는 관행이 사라졌다. 나는 이 일로 존재감을 드러냈다.

1989년 3월, 장 · 차관을 비롯하여 교육부 전 직원을 대상으로 한 자체 연수가 있었다. 국무총리실과 많은 부처가 같이 있는 광화문 종합청사 19층 대회의실을 사용한다는 것은 이례적인 일로, 교육부에 4년 반 근무하는 동안 그때를 제외하고는 한 번도 없었다. 그날 강사로 나가 '전교조의 실상과 대책'에 대해 강연했다. "교육부는 민주화, 교육청은 전문화, 학교는 능률화해야 한다"고 목청을 높였다. 교육 전문직인 정신교육 장학관으로서의 존재감을 확고히 굳혔다. 그 후 나에 대한 실 · 국장들의 인식이 달라진 것 같았다.

당시 교육부의 통일 교육 관련 업무가 엉망이었다. 업무가 네 개

실국에 나누어져 있어 새로운 업무가 나오면 서로 핑퐁치기 일쑤였다. 통일 교육 관련 업무 전체를 맡고 싶다고 장관에게 말했다. 그 후 장학실 정신교육 장학관 소관 업무로 통합되었다. 증원을 요청해 연구관과 연구사를 세 명 늘렸다. 업무를 가져갔다고 빈정대는 직원들도 있었다. 통일원과도 협력했다. 당시 남북이 공동으로 체결한 '남북기본합의서'에 따라 세 개 분과위원회가 구성되었는데, 나는 사회문화공동위원회(위원장 임동원) 일원으로 참가하였다. 통일교육원에서 학교 선생님을 대상으로 '학교 통일 교육의 방향'에 대해 강의하였다.

교육부장관 평균 재임 기간은 일 년도 채 안 된다. 장관은 잠시 왔다가 가는 나그네에 불과하니 무슨 수로 일관성 있는 교육정책이 원활히 수행되겠는가. 장관이 업무를 파악하고 일할 때쯤 되면 '장관 안 바뀌나' 하고 기다리는 사람들과 무슨 국가 백년대계를 논의할 수 있겠는가. 나는 교육부에서 다섯 분의 장관을 모시고 일했다. 그중 세 분에게 교육개혁을 하려면 3개월 내에 하고, 6개월이 지나면 새로운 사업을 아예 벌이지 말아야 한다고 진언했다.

교육부의 인적 구성은 일반 행정직과 교육 전문직으로 이원화돼 있다. 일반 공무원인 일반직은 관리 기능을, 교원 출신의 전문직은 장학 편수 기능을 담당한다. 이들은 협력보다는 갈등의 골이 깊었다. 내가 교육부에 근무하던 1980년대, 장관이 주재하는 실·국장 회의에 참석하는 6명의 고위직 중 전문직은 장학편수실장

한 명뿐이었다.

정부 수립 초기에는 일반직과 전문직이 비슷했는데 전문직은 계속 줄어들어 일반직의 5분의 1 수준이 되었다. 전문직은 일반직에 종속되어 일하는 구조가 되었다. 기회 있을 때마다 직제의 밸런스뿐만 아니라 전문직도 일반직처럼 국가 비용으로 유학도 보내고, 국방대학원과 중앙공무원교육원에도 보내 전문직 간부를 양성해야 한다고 주장했다. 드디어 나는 교육부 안팎에서 전문직 대변인으로 불렸다.

일반직 출신 교육부 퇴직공무원 모임에서 헌법재판소에 위헌 소송을 냈다. 교육 행정기관에 근무했다는 이유만으로 교육감 자격을 인정한다는 것은 법무부 일반직에게 지방검찰청장을, 국방부의 일반직이 군사단장이 되겠다는 것과 같다고 반론을 제기해 일반직의 눈엣가시가 되고 말았다.

1994년 문민정부가 들어서면서 '작은 정부' 방침에 따라 각 부처의 직제 개편이 이뤄졌다. 교육부 역시 기구를 줄인다는 구조조정 이야기가 나오니까 만만한 전문직부터 손을 대기 시작했다. 교과서를 만드는 편수국을 없애더니 교육 자치를 구실로 장학지도 담당 부서까지 없애 버렸다. 내가 교육부에서 주일 한국대사관으로 자리를 옮기고 난 후 일어난 일이었다. 일본에서 국제전화로 장관에게 이 문제의 부당성을 지적했다. 편수국과 장학실을 없애면 안 된다고 항변했지만 소용이 없었다. 오히려 내가 장관에게 전화 건 것이 일반직들에게 알려지면서 나에 대한 경계심이 한층 높아졌다.

EBS TV 토론 '학교운영위원회는 교육개혁의 꽃인가'에 출연했다. 장관, 교장, 교사, 학부모, 교수가 함께 참석했는데, 학운위를 비판하는 사람은 교장인 나밖에 없었다. 함께 참석한 이 모 장관은 내가 근무하는 학교의 학부모이고, 부인은 학운위 위원장이었다. 묘한 분위기가 감돌았다. 사회자 허운나 교수가 내게 물었다.

"학교운영위원회를 교육개혁의 꽃이라고 하는데, 이에 동의하십니까?"

"글쎄요, 잘 해야지요. 지금 학교 현장 사방에 갈등의 꽃만 피고 있지 않나요?"

모두 나를 쳐다보았다. 많은 사람이 교육개혁의 꽃이라고 하는데 현직 교장이, 그것도 장관이 학부모이고 장관 부인이 학운위 위원장인 그 학교의 교장이 문제 삼고 있는 것이었다. 나는 처음부터 학운위 반대론자였다. 일본에서 돌아오자마자 신문에 학운위를 비판하는 칼럼을 썼는데 난리가 났다. 현직 교장이 그런 비민주적인 글을 쓰느냐면서 교육부 담당 과장이 반론 칼럼을 실었다.

나는 반개혁 교장으로 몰렸다. 하지만 학운위는 교사들의 집단이기주의와 편의주의와 결탁하고, 학교장 책임제를 약화시켜 학교가 혼란에 빠지게 될 것이라고 주장했다. 상황은 그런 쪽으로 흘러갔다. 학교의 민주화, 교육의 민주화는 제도 개혁이 아닌

체질 개선으로 가야 성공한다는 것이 평소 소신이었다. 그 후 홍익대에서 '학교운영위원회에 대한 학교 구성원의 인식과 개선 방안에 관한 연구'로 교육학 박사학위를 받았다. 미운 놈하고 오래 지나다 보니 정이 들었던 것 같다.

S고등학교 교장으로 있으면서 '학교운영위가 교육개혁의 꽃인가' 텔레비전 토론이 있은 후 교육부 관리관급인 학교정책실장 발령이 있었다. 내가 0순위라고들 했지만 선택을 받지 못했다. 그러려니 했다. 내 자신에게 '네가 한 짓을 네가 알렷다!' 라고 중얼거렸다. 내가 일본에 갈 때 내가 추천해서 내 자리를 이어받은 분에게 밀리고 말았다. 장관과 일반직에게 밉게 보였기 때문이라고 생각한다.

그 후 2년이 지나 이번에는 학교정책실장을 공모한다기에 지원서를 냈다. 면접으로 선발한다고 하여 기대를 걸었다. 면접관은 대학교수와 일반직 관료 네 명으로 구성되었다. 나는 직감적으로 일반직 관료가 두 명 있는 것을 보고 '틀렸구나' 하는 생각을 했다. 아니나 다를까, 일반직 관료인 한 면접관이 내게 물었다.

"김 교장님은 정부의 교원 정년 정책을 강력히 반대했고, 지금도 정년 환원 운동을 벌이고 있으면서 어떻게 실장을 할 수 있겠습니까?"

"정년을 환원해야 한다는 개인적 소신에는 지금도 변함이 없습니다. 우리나라 발전의 원동력은 교육입니다. 국민소득 100불 시대에 교직에 들어온 분들을 토사구팽시키면 되겠습니까? 그러나 조직의 일원으로 일할 때는 그 조직의 방침도 무시할 수 없다고 생각합니다."

얼버무렸지만 돌직구로 물었는데 스리쿠션으로 답한 셈이다. 면접관이 또 물었다.

"교육부에 일반직과 전문직 간의 갈등이 있다고 보십니까? 사실이라면 어떻게 해결해야 한다고 보십니까?"

일반직이 전문직 대변자, 저격수로 불리는 내게 답변을 요구한 것이다.

"일반직과 전문직 간의 갈등이 존재한다고 봅니다. 교육부에 들어가면 원인을 찾아 갈등 관계를 상호 보완 관계로 만들어 가겠습니다."

결과는 낙방이었다. 학교정책실장은 우리나라 전체 교원을 대표하는 자리이고, 전문직 출신의 최고급 참모인데 어떻게 일반직 관료가 면접을 하고 뽑는지 이해가 가지 않았다. 교육부장관이 직접 면접을 하는 것이 상식 아닌가.

나에게 질문을 던진 면접관은 내가 교육부에 처음 들어가서 전 직원을 모아놓고 연수할 때, "장학관님은 이곳에 계실 분이 아닙니다. 대학교수로 가셔야 합니다"라면서 나를 보좌했던 사람이었다. 그는 교육부에서 장관을 모시는 데 천재적 소질이 있다고 알려진 사람이다. 그 뒤 그는 승승장구하면서 '아무개의 남자'라고 신문에 이름을 올렸다.

대통령 비서실장이 주관하는 오찬 간담회에 참석했다. 전직 교육부 장관 다섯 분, 전직 대학총장 두 분, 사학 법인 대표, 나는 교육시민단체 대표로 부른 것 같았다. 교육 문화수석비서관과 교육비서관도 동석했다. 사회적 쟁점이 된 검정 국사 교과서 선정 문제를 꺼냈다. 작심하고 말했다.

"교육부는 분수로 풀 문제를 왜 미적분으로 푸는지 모르겠습니다. 교과서 선정을 어떻게 교사가 합니까? 학교장이 교사의 의견을 들어 선정하도록 해야 합니다."

교육부가 학교에 내려 보낸 '교과서 선정지침'에 대해 쓴소리를 했다. 지침에는 교과 담당 교사 3인으로 교과서 선정위원회를 구성하되, 해당 교과 교사가 3인이 안 될 때는 이웃 학교에서 차출하여 구성하도록 했다. 여기서 교과서를 선정하여 학운위를 거쳐 교장에게 올리게 되어 있다. 그 결과 교육부가 가장 건전하다고 본 교학사 교과서를 채택한 학교는 전국에서 단 한 곳밖에 없었다. 역대 대통령의 모교가 좌편향 국사 교과서를 채택하고 있다는 이야기가 된다.

"교육부 지침은 교과서 선정권을 교사에게 넘겨 이권을 확보해 준 겁니다."

교육문화수석은 검토하겠다고 했지만 곧 경질되었다. 교육부가 그때 이 문제를 해결했더라면 국정교과서가 나오지 않고도 문제가 잘 풀렸을 것이다.

유리그릇

전교조를 잘 다룬다고 하지만 그렇지도 않다. 전교조와 대화하기를 좋아하고 보람을 느낀다. 총론에서는 승리자 행세를 했지만 각론에 들어가면 영 달라진다. 나의 교직 생활 중 교장 역할이 제일 힘들었던 것 같다. 교사들은 유리그릇 같았다. 선생님 의견을 자주 들으면 교사 눈치 보는 교장이라고 하고, 반대로 소신대로 밀고 나가면 권위적이고 비민주적이라고 손가락질 한다.

학교 명문대를 나와 과학 교사가 된 전교조 소속 여선생님이 있었다. 심성이 고왔는데, 하루아침에 폭력교사가 되어 학교가 난리가 났다. 수업시간에 학생들이 말을 잘 듣지 않는다고 플라스틱으로 만든 자를 학생 얼굴에 대고 흔들면서 지도하다가 그만 학생의 눈을 찌르고 말았다. 학생은 병원에 입원하였고, 학부모는 해결사까지 대동하고 학교에 와서 항의했다. 나는 교장으로서 머리 숙여

사과를 했다. 학교에서 치료비를 대는 한편, 여선생님을 위로해 주었다. 그 일이 있은 후, 그 여교사는 나를 어린아이처럼 따랐다. 교직원 친목 여행길에도 내 옆을 떠나지 않았다. 하루는 체육복을 입지 않은 몇몇 학생이 운동장에 나와 축구공을 차기에 불러 확인해 보니 그 여선생님 수업이었다. 그 여선생님은 학생 앞에서 영이 서지 않았다. 선생님을 불러 의논했다.

"선생님, 여자 중학교로 가서 근무하는 게 어떻겠어요?"

나는 그 여교사의 처지를 생각하여 제의했던 것이다. 그 선생님은 대답을 하지 않고 조용히 듣고 있다가 나가더니 전교조에 이 사실을 알렸다. 그러자 교권 유린이라며 전교조 교사들이 몰려와 항의를 했다. 교직원 회의에서도 교장인 나를 성토했다. 그 여교사가 측은하게 느껴졌다. 그를 도울 방법이 없었다. 내가 그 학교를 먼저 떠나고 그 여교사도 시내 어느 공고로 전보되었는데, 또다시 문제가 발생해 결국 강제 해임되었다.

전교조 운동이 1987년에 전국적으로 일어났다. 나는 그때 서울시 J중학교 교장으로 부임했다. 그 당시 40대 후반의 교장은 드문 일이었다. 나보다 나이가 많은 대부분의 주임교사들이 많았지만 협조를 잘해 주었다.

교장들은 불길처럼 번져오는 전교조 결성을 막기 어려웠다. 그렇지만 교육부와 교육청은 현행법상 전교조는 불법이라고 차단하기 시작했다. 2년 후 교육부는 수천 명을 징계처분하고 1천 명이 넘는 교사를 파면과 해임시키기에 이르렀다. 그런 속에서도 내가 근무하는 학교에서는 단 한 명의 해임교사도, 징계 받은 교사도 없었다.

하루는 서울사대를 나온 선생님이 우리 학교에 전교조를 결성했다고 하면서 명단을 내밀었다. 나는 그에게 불법이어서 인정할 수 없다고 말했다. 그 선생님 앞에서 명단을 찢어 휴지통에 넣었다. 다른 교장들은 명단을 받으면 그 명단을 교육청에 보고했다. 교육청 장학사가 학교에 와서 확인하고 대책을 숙의하고 선생님 부모님께 연락하고 협조를 구하곤 했다.

우리 학교 전교조 선생님들은 내 위세에 눌려 활동하지 못했다. 전교조 위원장이라고 하는 그 선생님은 그 후 서울시 교육청 장학사를 거쳐 서울시내 모 고등학교 교장으로 근무하다가 퇴직했다. 그때 내가 그 명단을 접수하고 교육청에 보고했더라면 그분도 징계나 해임을 당했을지도 모른다. 그렇게 되면 장학사, 장학관이나 교장을 어려웠을 것이다.

하루는 역사를 가르치는 P여선생님이 다른 선생님과 함께 교장실로 들어왔다.

"제가 미성년자도 아닌데 전교조에 가입했다고 왜 부모님께 알리셨습니까? 교장 선생님은 가정파괴범이십니다."

그 여선생님은 나에게 엄중 항의했다.

"왜 내가 가정파괴범이죠?"

내가 반문했다.

“대전에서 근무하는 아버지가 결근을 하면서까지 상경하셨고, 평소 몸이 불편한 어머니가 병석에 누우셨으니 선생님이 가정파괴범이 아니십니까?”

P여선생님이 항의했다. 나는 그럴 때 화를 내거나 흥분해서는 안 된다는 것을 알고 있었다.

“그래요? 선생님 아버님은 이중인격자네요.”

나는 조용히 말했다.

“왜 우리 아버지가 이중인격자인가요?”

이제는 그 여선생님이 반문했다.

“이중인격자가 아니면 어떻게 가정파괴범에게 ‘연락해 주셔서 고맙습니다’라고 인사하십니까?”

나는 조용히 말했다. 선생님들은 우물쭈물하다가 모두 교장실을 나갔다.

그 후 P여선생님은 나에게 항의하지 않았다.

바보들의 행진곡

1991년 경상남도에서 교육위원이 교육감에 당선되었다. 그 당시 교육감 선출 방식은 소수 교육위원이 교육감을 뽑는 방식이었다. 윤형섭 교육부장관은 교육감 선출을 위촉받은 자가 교육감에 선출된 것은 무효라고 했지만, 교육위원이 교육감 되는 것을 금지하는 규정이 없으므로 당선이 위법이 아니라는 법제처 해석이 나왔다.

이후 각 시 · 도에서도 교육위원 중에 교육감이 나왔다. 일본은 금지 규정은 없지만 '교육위원의 교육감 불가' 라는 법해석을 하고 있다. 그래서 일본에서는 교육위원이 교육감이 된 사례가 단 한 건도 없다. 교육감 선출을 둘러싼 비리 부정으로 여론이 악화되자 선거 방식을 바꾸었다. 선출권이 학교운영위원장에게 갔다가 계속 말썽이 일어나 다시 학교운영위원 전원으로 확대되었다.

2000년 7월, 나는 서울시 교육감 선거에 입후보했다. 9명이 출마했다. 중등 후보 중 내가 최다득점을 했다. 전체 3위를 한 셈이다. 그러나 선거를 치르고 난 후, 과연 그런 선거를 해야 하는지 회의에 빠졌다. 현직 교육감과 전교조를 뺀 나머지 입후보자들은 들러리에 불과했다. 선거운동을 할 선거권자 명단조차 구할 수 없었다. 명단은 교육감과 전교조만 갖고 있었다. 나는 선거 유세에만 의존할 수밖에 없었다. 유세에서는 반응이 뜨거워 새로운 지지자가 몰려들었지만 중과부적이었다.

시민단체와 언론에서 계속 이 같은 불합리한 문제를 제기했지만 아무런 소용이 없었다. 정치권은 강 건너 불 보듯 구경만 했다. 교육청 간부들로부터 현 교육감을 지지해 달라는 전화 연락을 받았다는 제보가 계속 들어왔지만 손쓸 방도가 없었다.

2000년 4월 10일자 중앙일보는 '교육감 선거 관권 의혹'이란 제목으로 서울시 교육감 선거를 앞두고 현 Y교육감의 재선을 위한 포석으로 일선 학교운영위원에 교육청 국 · 과장, 장학관, 장학사 등 직원들을 대거 참여시켰다고 보도했다. 교육감이 관권을 이용하여 학년 초에 일선 학교에 자기 사람을 심어 놓았다는 보도였다.

2000년 6월 9일자 문화일보는 '특별 예산 선심성 집행 의혹, 학교운영위 연수에서 노골적 사전 운동 물의'란 제목으로 부정, 관권 선거의 실상을 보도했다. 모 교육청 연수에서 Y교육감은 전체 연수 시간 80분 중 절반을 할애받아 자기 자랑을 하도록 했다. 다른 강사인 교육장 역시 "Y교육감이 일을 잘 마무리할 수 있도록 해 달라"는 취지의 발언을 했다. 실제 Y교육감은 일선 학교를 방문하여 학교운영위원을 모아놓고 선심성 약속을 하고 예산 지원을 하였다.

2000년 7월 19일자 국민일보에 '서울시 교육감 선거, 정치판 뺨치는 과열 혼란'이라는 기사가 게재되었다. 2000년 7월 25일자 문화일보는 '교육감 선거법 현직 우대 논란, 현 교육감만 연수 학교 방문 나 홀로 운동'이라는 제목의 기사를 실었다. '소도 웃을 교육감 선거'라는 글이 독자란에 실리기도 했다. 각 일간지는 사설이나 시론을 통해 교육감 선거에 관한 우려의 목소리를 높였지만 소용이 없었다. 땅 짚고 헤엄치는, 소도 웃을 불공정 게임이라는 보도도 있었다.

나는 국회로 이주호 의원을 찾아가 그간의 교육감 선거의 문제점과 법 개정의 필요성을 설명했다. 이 의원은 자신이 교육자치법 개정안을 발의하겠다고 나와 약속했다. 법 개정을 발의해서 추진하던 이 의원이 이명박 정부에서 교육부장관으로 입각했다. 우여곡절 끝에 교육감 선거 관련 개정 법안은 국회를 통과했다.

나는 학교운영위원이 뽑는 교육감 선거에 실패했지만 제대로 된 법 아래서 교육감이 되겠다는 야심이 있었다. 그래서 일본과 미국 등 선진국의 법제도를 연구해 우리나라 실정에 맞는 법안을 마련했다. 돈 안 들고, 교육 전문성을 살리면서, 시 · 도지사와 협조가 잘 되고, 어느 정파에도 유불리가 없는 안이 만들어졌다. 국회로 여야 의원을 찾아다니며 이를 설명했다. 교육감은 시·도지사와 러닝메이트로 하고, 교육 전문가를 시·도의원으로 뽑자는 안이 마련됐다. 이름뿐인 교육위원을 없애고 실질적 권한을 갖는 명실상부한 교육의원을 비례대표로 선출해 다른 일반 시·도의원과 똑같이 활동하도록 했다.

시민단체 '교육선진화운동' 주최로 국회의원회관에서 공청회를 열었다. 내가 주제 발표를 하고 토론자로 한겨레 논설위원, 광주지자체장, 교육법학자, 교육개발원, 학부모, 교육위원, 교장 대표를 불렀다. 비판 세력도 다 부른 것은 그 누구를 상대로 하든 내 안이 가장 합리적이고 타당하다는 자신감이 있었기 때문이다.

조선일보에 '이대로 가면 교육계 아수라장 된다'와 '교육감 선거는 범죄 선거 아닌가'라는 칼럼을 써 큰 호응을 얻었다. 이어 30개 시민단체 대표가 모여 '교육자치법 개정 건의문'을 채택하여 국회에 보냈다. 서울시의회는 여야 만장일치로 교육자치법 개정을 위한 입법청원 결의를 하여 여야 정당과 교육부 그리고 국회에 제출했다. 모두 교육감 러닝메이트와 교육의원 비례대표제를 담고 있었다.

그런데 사실은 여야 국회의원들도 자신들의 독자적인 개정안을 갖고 있었다. 제18대 국회에는 교육자치법 개정을 위한 12개의 의원 입법안이 올라와 있고, 정부안도 2개 있었다. 이주영 외 17인을 비롯하여 안민석 외 13인, 이용섭 외 42인, 강봉균 외 83인, 이상민 외 11인, 이시종 외 10인, 김세연 외 10인, 정희수 외 10인, 박주선 외 12인, 양승조 외 13인으로 재적의원 3분의 2가 넘는 숫자였다. 그러나 정작 통과된 법안은 엉성하기 짝이 없고 문제투성이였다. 여야 법안소위에서 합의한 교육의원 비례대표제도 막판에 물거품이 되었다.

선거일이 임박해 시간에 쫓기고 있는데 교육계가 갑자기 여야 소위에서 통과된 안이 교육의 정치적 중립에 어긋난다고 반대하고 나섰다. 길팡지팡하던 국회는 이를 핑계로 어물쩍 처리해 버렸다. 울고 싶은데 뺨 때려 준 격이 되었다.

교육계는 동상이몽이었다. 교육감 선거에 대해 각자 계산법이 달랐다. 전교조는 우파 난립의 선거판에서 좌파 단일화라는 어부지리의 꿈을 꾸고 있었다. 교총은 비대한 몸집만 믿고 자신감을 갖고 있었다. 이들은 모두 반대 명분을 '교육의 정치적 중립'에서 찾았다. 결국 교육감, 교육위원 모두 주민 직선제가 되었다.

교육의원 선거구가 시 · 도지사 선거구보다 더 넓은 지역이 한두 군데가 아니었다. 광주, 대전, 울산, 강원, 충북, 충남, 전북, 전남, 제주는 인구 200만이 안 되는데 이보다 더 큰 교육의원 선거구가 수두룩했다. 투표를 하려니 누가 적임자인지 알 수 없고, 기권하자니 찜찜해 기호 1번을 찍고 나오는 사례가 허다했다. 소위 '로또선거'가 전국적으로 실시된 셈이다. 기상천외의 제도로 입성한 로또

교육의원의 의정활동은 기대 수준 이하였다. 교육의 전문성을 살리지 못하고, 일반 시 · 도의원과 차별성을 보여 주지 못했다.

드디어 국회가 교육의원제도 자체를 없애 버렸다. 나는 긴 한숨을 쉬었다. 감히 말하건대, 교육의원제도는 내 작품 아닌가. 기회 있을 때마다 교육의원 직선제를 비례대표제로 바꾸지 않으면 안 된다고 말해 왔다. 제도 자체가 없어질지 모른다는 경고를 해도 귀 기울이는 교육의원이 없었다. 로또선거를 만들어 낸 교직단체도 마찬가지였다.

교육감 러닝메이트와 교육의원 비례대표제가 채택되었더라면 우수하고 덕망 있는 교육 전문가들이 발탁되는 등 교육계의 위상이 크게 향상되었을 것이 분명하다. 그런데 이를 차버린 사람들이 한국교총, 전교조 그리고 당시 교육감 옆에 있던 일부 교육위원들이다.

교육계가 즐겨 부르는 애창곡은 '교육의 정치적 중립'이다. 전교조, 한국교총, 교육위원 모두 한목소리로 합창하니 그럴듯하게 들린다. '교육의 정치적 중립'이라는 노래는 교실에서나 불러야지, 정치 선거판에서 부를 것이 아니다. 이는 교실에서 교사가 지켜야 할 지침이요 덕목인 것이다.

드디어 시민단체가 들고 일어났다. 2014년 교육감 선거가 끝난 후 '교육감 선거제도 개선을 위한 청원서' 서명운동이 전국적으로 일어났다. 현행 제도를 반대하는 서명자가 18만 명에 달했다.

청원서를 국회와 교육부장관에게 제출했다. 교육계의 분열과 비협조로 이루지 못한 교육자치제도 개선을 위해 시민단체가 구원투수로 나선 것이다.

내가 서명 취지와 내용을 설명했으나 힘이 나지 않았다. 지난날 온 힘을 다해 뛰었는데 뜻을 이루지 못했던 사항이기 때문이다. 지난날 국회에서 있었던 일을 상기하면서, 제 밥도 제대로 찾아먹지 못하고 남의 탓만 하는 교육계가 과연 교육자치를 할 자격이 있는지 모르겠다는 생각이 들어 슬펐다.

나는 죄인이로소이다

요즘 아이들은 변해도 너무 변해 버렸다. 그래서 '신인류' 라는 표현을 쓰기도 한다. 인류 역사상 이런 새로운 형태의 아이들이 나타난 것은 처음이다. 무서운 아이들, 겁 없는 아이들, 자기만 알아달라는 아이들이 우리 앞에 버티고 서 있다. 이들은 국가보다 개인, 의무보다 권리를 앞세운다. 책임은 내 일이 아니고 국가의 몫이다. 그동안 교사로서 아이들에게 민주주의를 어떻게 가르쳤는지 스스로를 돌아보게 되었다. 국제적 조사 결과를 보고 나서는 교육자로서 할 말을 잃었다.

일본 정부(총무청 청소년대책본부)가 미국, 영국, 독일, 프랑스, 스웨덴, 러시아, 브라질, 일본, 태국, 필리핀, 한국 등 세계 11개국 청소년을 대상으로 한 의식조사 결과는 매우 충격적이다. 지역사회에 대한 애착도가 대한민국이 11개국 중 10위로 꼴찌에서 두 번째이고, 사회 중심보다 개인 중심으로 생활하겠다는 응답과 사회에 대한 불만이 있을 때 진정, 시위, 파업 등 적극적인 행동에 나서겠다는 응답이 둘 다 11개국 중 1위였다. 이것은 21년 전 조사 결과다.

한국청소년개발원이 중국의 청소년정치학원 정책연구소와 일본의 쇼케이대학교 대학원과 공동으로 2006년 3~6월, 한 · 중 · 일 세 나라의 중 · 고교생과 대학생 2,939명을 대상으로 실시한 설문조사 결과 역시 비관적이다.

'전쟁이 나면 국가를 위해 앞장서서 싸우겠느냐'는 질문에 '싸우겠다'는 응답이 한국 10.2%, 중국 14.4%, 일본 41.1%로 나타났다. '전쟁이 나면 전쟁을 피해 외국으로 출국하겠다'는 응답자는 한국 10.4%, 중국 2.3%, 일본 1.7%였다. 또 '자신의 나라가 자랑스러우냐'는 질문에 긍정하는 대답이 중국 60%, 일본 55%, 한국 38%였다. 전쟁이 나면 국가를 위해 앞장서 싸우겠다는 청소년이 일본에 비해 우리나라는 4분의 1에 불과하고, 외국으로 도망가겠다는 청소년은 6배나 많았다.

2006년 미국의 여론조사 전문기관 뷰 리서치 센터가 전 세계 47개국을 대상으로 한 조사에서 '나라에 불만이 많다'라고 답한 응답자 수는 한국인이 세계 3위였다. 내전 중인 레바논과 팔레스타인 다음이었다. 우리나라 청소년의 국가관이 왜 이렇게 되었을까.

나는 고교 시절부터 정치에 관심이 많았고, 정치집회 참여로 말씽도 피웠다. 학생회장에 당선되어 자치활동도 활발히 전개하였다. 교사 시절 아이들끼리 대화하고 토론하는 기회를 많이 만들어 지도했다. 교육청과 교육부 재직 중에는 '민주적 회의진행법'이라는 장학지도자료 책자를 발행하여 전국에 배부하고, 각 시·도마다 연구학교를 지정하여 운영하였다. 교장 재직 중에는 학급회 활동을 중시했다. 학년 초가 되면 반 학생들이 담임 선생님과 함께 밖에 나가 하룻밤을 묵게 했다. 그러나 그러한 나의 노력으로도 '신인류' 출현을 막지 못했다. 파도를 막을 수 없다고 체념해 버렸다.

나의 탓이다. 민주주의를 교과서를 통해 이론과 지식으로 가르치는 데 열중했지, 남을 배려하고 준법을 생활화하도록 가르치지 못했다. 민주주의를 제도나 이념으로, 정치나 정부 형태로 가르쳤지 생활 방식과 생활 원리로 가르치지 못했다. 그래서 지혜가 아닌 지식과 권모술수만 키웠다. 결국에 나는 죄인이다.

우리 민족은 예부터 예의를 숭상하고 충효와 경애를 중시해 왔다. 화백제도, 신문고, 계, 두레, 향약 등을 통해 공동체 생활과 민주주의의 경험을 어느 정도 축적해 왔다고 본다. 광복 후 우리는 우리 전통 속에 담겨 있는 윤리의식과 민주정신을 제대로 살리지 못하고 서구 민주주의를 무비판적으로 받아들였다. 이를 시행하는 과정에서 많은 폐단을 경험함으로써 올바른 가치관과 민주의식을 제대로 발전시키지 못했다. 어느 날 그 중심에 내가 서 있다는 것을 발견하고 내 스스로 크게 놀랐다.

지금 교육은 교육원리가 아닌 정치원리로 굴러간다. 좌파 교육감의 등장으로 더욱 심화되었다. 각종 조례는 우리나라 교육의 앞날을 어둡게 한다. 좌파 교육감들의 머릿속에는 정치만 있지 교육이란 개념이 없다. 학생을 정치에 이용해 보려는 저의가 다분히 깔려 있다.

무상급식조례는 학교에 비정규직 급식노조가 목적이고, 학생인권조례는 학생을 광장 정치에 동원하려는 것이고, 혁신학교조례는 교사들로 하여금 학교 운영권을 장악하기 위한 것이다. 내 눈에는 그 저의가 뻔히 들여다보였다.

학생인권조례를 만들어 가해자인 교사의 폭행으로부터 학생을 보호해야 한다는 발상부터가 문제다. 규제와 단속 없이 아이들 자율에 맡기자는 교육방침은 비현실적이며 무책임한 것이다. 초·중·고교생은 법적으로도 미성년자로 부모의 보호를 받게 되어 있다. 2010년 8월 10일자 동아일보에 '포퓰리즘의 극치, 인권조례로 아이들을 망칠 셈인가'라는 제목의 내 칼럼이 실렸다. 송곡여고 1학년, 2학년 학생들이 내게 편지를 보내왔다. 그 학교에 근무하는 전교조 소속 이 모 선생이 경기도 학생인권조례 내용과 내 칼럼을 학생들에게 나눠 주고 글을 쓰게 하였다. 이 교사는 학생들에게 제대로 소통하는 방법을 알려 주기 위해 그런 수업을 마련했다고 했다. 송곡여고 학생들에게 며칠 밤을 새워 가며 일일이

답장을 써서 보냈다.

정치권은 기회 있을 때마다 학생들을 이용해 왔다. 지난날 미국산 소고기 광우병 촛불시위 때도 '미친 소 · 미친 교육'이라는 팻말을 들고 많은 중 · 고교 학생들이 거리로 나왔다. 그러나 그것은 불법이었다. 이를 합법화시키기 위해 학생인권조례를 서둘러 만든 것이다.

서울시는 문화집회만 허가제로 할 수 있는 서울시청 광장을 신고만으로 정치집회가 가능하도록 조례를 개정했다. 거기에다가 학생인권조례를 제정하여 학생들의 학교 밖 정치집회를 가능하도록 길을 터준 것이다.

학교는 자라나는 세대에게 준법을 통해 사회와 국가에 대한 긍정적 사고를 가르쳐 주는 곳이어야 한다. 규제와 억압, 참고 견디게 하는 것도 교육이다. 독자적으로 법적 행위를 할 수 없는 미성년자인 학생에게 사상의 자유, 집회 결사의 자유를 주겠다는 인기전술이 우리 아이들을 망친다.

또 하나의 괴물이 혁신학교다. 전교조 교육정책의 종합 세트라 할 수 있다. 혁신학교는 실제로 '다모임'이라는 교사회에 의해 운영된다. 교장은 형식적 존재이고 식물 교장이 된다. 이는 법적으로 보장된 학교장의 교무통할권을 철저히 박탈하는 행위다. '다모임'이 실질적인 의결기구로서 인사와 재정문제에 관여하는 것이 정당화될 수 없다. 학교 운영의 최종 판단과 결정은 학교장의 몫이

되어야 한다. 국민이 내는 세금으로 혁신학교에 대하여 차별적인 재정 지원을 하는 것은 어떠한 이유로도 정당화될 수 없다.

학교나 사회에서 자유는 흘러넘쳤다. 자유비만아가 되어 버렸다. 비만도가 너무 높다. 지금 우리나라는 자유파괴, 자유를 부정하는 자유까지 요구하고 있다. 공권력은 폭력 앞에서 무력하다. 법치는 국민정서 앞에서 맥을 추지 못한다. 헌법 법률 조례의 순위가 뒤바뀌어 헌법 위에 법률이 있고 법률 위에 조례가 춤을 춘다. 촛불이 상왕 노릇을 한다. 무상급식조례, 학생인권조례, 혁신학교조례가 비정규직 급식노조, 학생의 정치적 집회 보장, 교사의 학교운영권 보장이라는 정치적 목적을 달성했다. 검찰은 사회질서 유지를 위한 기능보다 정치권의 권력 수호, 체제 유지 기능을 수행하고 있다.

지난날 서울시의원으로서 그리고 시민운동가로서 이를 막지 못한 것에도 깊은 반성을 한다. 모두 내 책임이라는 생각에 마음 아프다. 권리의 진정한 근원은 의무라는 사실을 제대로 가르치지 못하고 공동체를 제대로 가르치지 못한 것에 무릎 꿇고 반성하고 사과한다.

뿔난 교장 선생님 거리로 나오다

2012년 1월 31일 국회의원회관에서 공교육살리기 교장연합을 결성했다. 내가 상임대표로 추대되었다. 교육 정상화를 위해 힘을 모으기로 결의했다. 그 일환으로 곽노현 서울시 교육감 사퇴를 요구하기로 했다. 20여 일 만에 전현직 교장 1천 명의 서명을 받았다. 서울시내 초 · 중 · 고 전직 교장이 대부분이었으나 현직 교장도 몇 분 있었다.

2월 21일 교장 선생님들이 추운 날씨에도 불구하고 서울시 교육청 앞에 모여 교육감 퇴진을 강력히 요구했다. 모든 것은 내가 기획했고 당시 나는 교육선진화운동 상임대표였으나 공교육살리기 학부모연합을 자문하고 지원하고 있었다. 대화와 토론을 통해 일하던 내가 거리로 나서게 되었고, 그것도 다른 교장들을 설득하여 함께 거리로 나온 것이다. 교장 선생님들의 뜨거운 호응이 있어

가능했다. 나는 교장 선생님에게 이렇게 호소했다.

"교육감이 우리 아이들을 망치고 나라의 운명을 위태롭게 하고 있습니다. 지난날 그 가난했던 시절 모든 역경을 딛고 우리가 어떻게 지키고 가꾼 학교인데 수수방관할 수 있겠습니까? 운동권 학자가 정치깡패가 되어 교육을 떡 주무르듯 하고 있는데 못 본 체하시렵니까? 3천만 원 벌금을 낸 중죄인이 뻔뻔스럽게 출근하면서 무상급식 반대하는 이메일을 보냈다는 이유로 정년 한 달을 남긴 42년 교직 경력의 교장에게 정직 1개월이라는 중징계를 내렸으니, 이게 말이 됩니까? 교장 선생님, 우리 함께 모여 교육을 살리고 대한민국을 구합시다. 물방울이 냇물을 이루고 강이 되고 바다를 이룹니다. 혼란과 갈등을 이번 기회에 우리 교장의 손으로 말끔히 청소합시다."

기자회견도 하였다. 집회는 성공적으로 끝나고 성명서를 교육감실에 전달하였다.

곽노현 교육감은 즉각 사퇴하라!!

우리 1천 명 교장단은 지금 학교 현장의 혼란과 갈등의 원천이 곽노현 교육감에게 있다는 결론을 내렸다. 갈등을 수습해야 할 장본인이 갈등을 계속 재생산하고 있다. 학생지도가 힘들다고 학급담임을 기피하고, 서로 앞다투어 명예퇴직을 신청하고 있어 학교교육은 끝없이 표류하고 있다. 수도 서울의 교육수장으로서 본분을 다하지 못한 책임을 물어 곽노현 교육감의 즉각 사퇴를 촉구한다. 곽노현은 법 이전에 도덕적으로 아이들 앞에 설 수가 없다.

첫째, 곽노현은 중죄인이기 때문에 잠시라도 서울 교육을 맡길 수 없다. 곽노현은 1백만 원 벌금만 받아도 당선무효인데 벌금 3천만 원의 유죄선고를 받았다. 서울시 교육감은 초 · 중 · 고교 학생 132만 명을 거느리는 수도 서울의 교육수장으로 권한 못지않게 책임이 막중한 자리다. 일말의 양심이 있다면 벌써 물러났어야 한다.

둘째, 반성의 빛이 전혀 없는 곽노현은 파렴치범으로 도덕적 파탄자다. 돈을 준 사람은 선의라고 벌금형을, 돈을 받은 사람은 악의가 있다고 징역형을 내려 매수한 자는 가볍게, 매수당한 자는 무겁게 판결했다고 사법부가 국민의 조롱거리가 되어 있는 판에 곽노현은 한술 더 떠서 그래도 자기는 무죄라고 주장한다. 그런 논리라면, 학교 반장선거에서 선의로 돈 주고 다른 아이 출마 못하게 하는 것은 괜찮다는 이야기다.

셋째, 곽노현은 자식을 군대 보낸 대한민국의 부모 마음을 찢어놓았다. 장남은 손가락 인대 파열로 병역 4급 판정을 받아 어머니가 근무하는 병원에서 공익근무로 병역을 마쳤다. 그런데 어떻게 컴퓨터 타이핑을 하는지, 그리고 경쟁률이 높은 어머니가 근무하는 병원에 배치되었는지, 정말 진짜 우연이라는 말을 믿을 수 없다.

넷째, 교육감은 모든 교육자와 학생들의 귀감이 되어야 하는데 그 반대다. 그의 처신은 시중 잡배를 연상케 한다. 남의 말을 비웃고 조롱하며 독선에 빠져 있다. “쫄지 마”라는 비속어는 공식석상에서 교육감이 입에 담을 말이 아니며, “얘들아, 걱정 마”라는 명함은 교육감 주머니에 넣고 다닐 명함이 못 된다.

다섯째, 학생인권조례는 비교육적 부도덕한 내용으로 가득 차 있다. 교사는 가해자, 학생은 피해자라는 구도를 만들어 학생으로 하여금 교사를 고발토록 하는 등 사제 간의 갈등을 부추겨 놓고 교육감은 학생 편이라는 정치적 이미지 심기에 혈안이 되어 있다. 동성애 및 성적인 행위의 자유와 함께 임신, 출산을 보호하도록 하여 미성년자의 성문란을 부채질하고 있다.

곽노현은 자신의 정치적 목적을 위해 불법, 탈법을 일삼고 있다.

첫째, 지금 서울시 교육청에서는 강도가 잡범을 재판하는 형국이다. 곽 교육감은 유죄판결을 받고 출근하면서 퇴임 1개월을 남긴 42년 근무한 교장을 무상급식을 반대하는 이메일을 보냈다는 이유로 중징계를 내려 출근 못하게 했다. 전교조를 위해서는 건물 임대 등 편의시설을 최대한 지원하면서 법적으로 평생교육 차원에서 지원할 수 있는 서울교육삼락회 사무실을 내놓으라고 윽박지르고 있다.

둘째, 불법적으로 초 · 중 · 고교를 단체협약을 통해 법외노조인 전교조에 팔아넘겼다. 법적 자격이 없는 법외노조인 전교조가 협상과 체결에 참가했기 때문에 무효다. 법이 허용하는 임금, 근무조건, 후생복지 외 인사, 정책까지 포함하고 있고, 사립학교의 경우는 권한이 없는 교육감이 협약을 체결하여 불법을 자행했다.

셋째, 학교를 사회개혁의 전초기지로 삼으려고 한다. 운동권 시절 인민민주주의법학회를 만들고, 정부와 큰 기업에 싸움을 걸어 유명세를 탄 그가 운동권 연장선상에서 서울 교육을 끌고 가려고 한다. 전면 무상급식과 학생인권조례는 아이들을 판 정치적 입법이다. 학교에 비정규직 급식노조를 결성하고 학생 장외집회를 합법적으로 이끌어 내기 위한 꼼수다.

넷째, 오직 아이들 인기에만 연연하여 사제 간의 갈등을 부추기고 있다. 학교를 정치의 장으로 착각하여 교육계를 쑥대밭으로 만들어 놓았다. 법을 전공한 교수 출신이 가장 법을 우습게 보고 탈법, 편법, 변칙을 일삼아 왔다. 학교에서 준법을 가르쳐도 교육감이 불법을 자행하면 아이들은 가치관의 혼란을 느낀다. 그의 처신을 보고 아이들이 따라 배울까 두렵다.

다섯째, 미성년자인 학생들을 정치에 이용하고 있다. 고교 학생단체를 교육감 취임식장에 초청하여 '인권조례 ○', '무상교육 ○', '일제고사 ×', '교원평가 ×'라고 적힌 피켓을 들게 하고, 서울시 교육청 앞에서 여학생이 담배를 피우며 동성애 보장 피켓을 들고 시위하는 것을 묵인했으며, 학생들의 학교 안팎 집회를 허용해 제2의 촛불시위를 은근히 부추기고 있다.

곽노현을 교육감이라 부르는 것이 얼마나 부도덕하고 비교육적인지 우리는 알고 있다. 이제 우리는 모든 선생님과 학부모와 시민들과 함께 교육감이란 호칭을 떼고 중죄인으로 호칭을 바꾸려 한다. 죄인 곽노현을 감싸고 도는 정치세력과 시민단체에 대해서도 사회정의가 무엇인지, 그 도덕성을 엄히 따질 것이다.

2012년 2월 21일(서명자 1천 명 명단 생략)

제3부

김진성 칼럼 10선

국민을 납득시켜라

이대로 가면 교육계 아수라장 된다

교육감 선거는 범죄 선거인가

도수(度數) 안 맞는 '전교조 안경'

포퓰리즘의 극치, 아이들 망칠 셈인가

교육은 이론만으로 되지 않는다

학교폭력 부르는 인권조례

교육은 결국 교사의 손에 달려 있다

새 정부에 바란다

교육을 지배하는 정치논리

국민을 납득시켜라

민주화보상심의위원회가 전교조 해직교사 1,139명을 일괄적으로 민주화운동 관련자로 인정한다는 결정을 내렸다. 지난 10여 년 간 교단을 떠나 있으면서 전화위복의 계기로 삼아 자기 발전을 가져온 해직교사들도 있지만 많은 교사들이 경제적 어려움을 겪으면서 고생하며 살아왔다.

지난날 전교조 해직교사들이 권위주의에 항거하면서 교직 풍토 개선에 많은 노력을 기울인 점을 인정한다. 권위주의 시대를 살아가는 젊은 교사들의 해직은 우리 모두의 아픔이었다. 그러나 아무리 목적이 좋다 해도 그 어떤 수단도 합리화될 수는 없는 일이다. 당시 그들의 행태는 이해하기 어려운 점이 너무 많았다. 특히 이념 교육과 학생 생활지도에 문제가 많았다.

전교조가 합법화됐음에도 우리 교직사회가 그전에 비해 더 활성화되고 교육력이 증대됐다고 믿는 사람은 별로 없다. 학교 붕괴 현상은 전교조의 출범과 함께 가속화됐다는 비판이 일부에서 제기되고 있다. 왜 하필 이러한 시기에 해직교사의 민주화운동을 법적으로 인정해야 하는지 모르겠다. 이번 민주화보상심의위원회의 조치에 대해 수긍이 안 가는 점이 몇 가지 있다.

첫째, 민주화운동 여부를 심의위원회가 다수결로 결정해야 하는가 하는 점이다. 어느 한쪽에서 보면 민주화운동일 수 있고, 다른 한쪽에서 보면 범법 활동일 수 있다. 찬성 5, 반대 3, 기권 1로 결정됐다니 더욱 납득이 안 간다. 국민 대다수가 공감하는 선에서 출발해야 한다. 4 · 19혁명 참가자에 대해 국민 아무도 이의를 달지 않는다. 민주화운동 관련자로 인정받으려면 국민 대다수가 이의가 없어야 할 것이다.

둘째, 무엇이 민주화운동이냐 하는 것이다. 권위주의 정권과 싸워 해직이 되면 모두 민주화운동인가에 대한 반문이다. 심의위원회는 "해직교사의 민주화운동 관련 인정은 전교조 결성단계에서 민주화 관련성을 따진 것이지 현재 전교조의 성격과 활동에 대한 판단은 아니다"라고 말하고 있다. 누가 뭐라 해도 전교조는 노동조합이다. 자본주의 사회에서 노조를 인정하는 것은 노동자는 경제적 · 사회적 약자이기 때문에 고용주와 단체의 힘으로 협약할 수 있도록 제도적 장치를 마련한 것이다. 노동자는 임금 · 후생 · 복지 문제에 관해 일차적으로 관심을 가져야 하는데 전교조는 처음 출발부터 참교육 실현에 중점을 두었다. 문제는 여기에 있다. '참교육'이라면 왜 굳이 노조를 통해 해야 하는가에 대한 의문이 가시지 않는다.

셋째, 민주사회에서 교사의 역할은 과연 무엇인가 하는 점이다. 교사들이 학생들에게 가장 많이 하는 말은 "법을 지켜라"는 것이다. 교사들이 진리와 양심을 들먹이며 기존의 법과 질서를 무시할 때 교육의 밑뿌리가 흔들리고 만다.

전교조 해직교사의 민주화운동 인정은 당시 법을 충실히 준수하면서 교직을 지켰던 다른 교사들을 우습게 만든다. 그들은 반민주교사이거나 적어도 민주주의와는 거리가 먼 의식이 없는 교사일 수밖에 없기 때문이다. 교단을 지킨 교사라고 해서 민주화운동에 대한 열정이 결코 뒤진다고 말할 수는 없다. 해직교사의 민주화운동 인정이 자칫하면 교단에 또 다른 분열과 갈등을 가져올 수 있으며, 그렇게 되는 경우 이번 조치가 해직교사에 대한 명예가 아니라 멍에가 될 수도 있다.

현행법은 학교운영위원회 운영위원이 교육감과 교육위원을 선출하도록 돼 있다. 학년 초에 전교조 조합원이 학교운영위원으로 크게 진출했다. 노(勞)가 사(使)를 선출한다고 해서 위헌 소지 논란이 일고 있는 가운데 해직교사의 민주화운동 인정은 학교 현장을 정치의 장으로 만들기 쉽다. 교육감과 교육위원을 탐하는 것이 좋게 보이지 않으며 그것은 노조의 설립 취지에도 어긋난다.

심의위원회는 이번 민주화운동 인정과 관련해 먼저 각 위원의 찬성 · 반대 논리를 국민에게 소상히 밝혀 주기 바란다. 그 다음에 적어도 민주화운동 인정이 꼭 필요하다면 개별적으로 심사해서 그 여부를 결정해 주기 바란다. 해직교사 중에는 교육 발전에 기여한 선생님도 있지만 교단에 있어서는 안 되는 사람도 있다는 여론에 귀를 기울여 주기 바란다.

이대로 가면 교육계 아수라장 된다

정치권의 이해타산과 교육계의 집단이기주의에 의해 교육자치법이 제대로 개정되지 못하고 누더기가 되었다. 뜻있는 인사들은 오래전부터 교육감 선거에 대한 제도 개선책으로 교육감의 시·도지사와의 러닝메이트제, 교육의원의 정당 비례대표제, 라디오·텔레비전에 의한 선거공영제를 주장해 왔다. 이명박 정부 출범 초기 대통령직인수위원회에 이를 제안했고, 서울시의회는 2009년 7월 3일 여야 만장일치로 교육자치법 개정 촉구 건의안을 통과시켜 국회에 건의했다. 30개 시민단체와 지식인들이 국회에 교육자치법 개정 청원을 내는 데 주도적 역할을 했다. 결과적으로 모두 철저히 무시되었다.

교육감과 교육의원 선거판이 졸부들의 잔치, 사기꾼의 무대가 되는 것을 보고 있을 수만은 없다. 지금 당장 교육자치법을 재개정해서 범죄 선거를 막아야 한다. 이대로 가다가는 교육계는 아수라장이 될 것이다. 교육감의 법적 선거비용 한도액이 서울 39억 원, 경기는 41억 원이고, 교육의원은 3억2,700만 원이 되는 지역도 있다. 시 · 도의원은 5천만 원, 후원금을 받을 수 있는 국회의원은 1억3천만 원 안팎인데 말이 안 된다. 실제 교육감은 50~60억, 교육의원은 3~4억 원 든다는 것이 중론이다.

교육자들이 범죄의 소굴로 빠져들 수밖에 없는 구조다. 이런 선거를 할 바에는 차라리 임명제가 낫다. 교육의원 선거구가 227만 명과 210만 명이 되는 곳도 있다. 16개 지자체 중 9개 지자체 인구가 200만 명 미만이다. 울산 110만, 광주 142만, 대전 148만, 강원 150만, 충북 151만, 충남 201만, 전북 186만, 전남 193만 명이다. 위헌 소지가 있는데다가 선거운동 자체가 불가능하다.

교육감 선거를 시 · 도지사와 러닝메이트로 실시하면 교육감이 시 · 도지사와 연계 협력하여 교육 현안을 강력히 추진하고 정당이 교육계 우수 인재 발굴에 힘쓰게 된다. 선거가 지연 · 학연 등 연고주의로부터 벗어날 수 있고, 후보의 난립을 막을 수 있으며, 개인이 감당하기 어려운 막대한 선거비용 문제를 해결할 수 있다.

교육의원 비례대표제를 도입할 경우, 각 정당이 유능한 교육계 인사를 경쟁적으로 발굴하게 되어 엉터리 인사를 공천했다가는 다른 선거에서 표를 잃게 될 것이다. 비례대표는 지역구 선거와 달라 특정 정당이 의석을 독점하지 못하며, 지역구 직선으로 인한 교육계 내 대립과 갈등을 해소할 수 있고, 지연 · 학연이 배제되고, 정책선거가 가능하고, 돈 안 드는 선거를 할 수 있다.

그렇다고 지금 교육감과 교육의원의 예비등록을 마친 상태에서 러닝메이트와 비례대표에 손을 대기는 어려울 것이다. 그러나 선거운동 방법을 바꾸는 것은 얼마든지 가능하다고 본다. 교육감과 교육의원 선거운동 방법을 시 · 도지사나 시 · 도의원 선거와 달리 차별화하여 완전선거공영제를 실시하자는 것이다. 고비용 · 비효율의 개인 유세, 개인 홍보물에 의한 득표 활동을 금지시키고, 라디오와 텔레비전을 통한 정견발표, 토론, 광고, 선관위 유인물 배포로 국한하되 그 비용을 국가가 부담하자는 것이다. 후보 난립은 후보 등록 때 내는 공탁금을 대폭 늘려 막으면 된다. 교육은 전문적인 분야다.

전문성 검증이 시끄러운 거리에서 이뤄지는 것은 바람직하지 않다. 조용한 안방에서 후보자의 자질 검증을 하자. 우리나라는 라디오와 텔레비전 보급률이 100% 훨씬 넘는다. 그러잖아도 교육감 선거가 시 · 도지사 선거에 묻혀 관심을 끌지 못하는데 미디어에 의한 선거를 하게 되면 교육감 선거에 대한 관심도가 높아질 수 있다.

이러한 선거운동 방식에 여야가 합의하지 못할 하등의 이유가 없다. 여야가 다 같이 윈윈할 수 있고 상생할 수 있는 방안이다. 이렇게 되면 천문학적인 선거운동 비용 문제와 광역화로 인한 선거운동의 한계에서 완전히 해방될 수 있다.

이렇게 해놓고 비리 온상이 되는 후원회 제도는 없애야 한다. 그것이 인사비리, 건설비리, 급식비리, 창호비리로 이어질 것이고 사교육업자의 올가미가 될 수 있기 때문이다.

교육감 선거에 대해 국민들이 무관심하다고 하지만 실제 무관심한 것은 국회와 정부와 언론이다. 외고, 자율학교, 수능, 방과 후 학교, 교원평가 등 잔가지에 관심을 두고 막상 이런 정책을 끌고 갈 교육감과 교육의원 선거에 대해서는 관심이 없다. 정부가 교육자치에 대해 대국민 홍보를 얼마나 했는지 묻지 않을 수 없다.

교육감 선거는 범죄 선거인가

교육감과 교육의원 선거가 반년도 남지 않았는데 지금 정치권이 낮잠을 자고 있다. 현행법대로 선거를 치르면 교육계는 쑥대밭이 될 것이다. 후보자들은 당락에 관계없이 모두 범법자가 될 수밖에 없다. 서울과 경기 교육감은 60억, 교육의원은 6억쯤 써야 한다는 것이 중론이다. 정상적인 방법으로 선거비용 염출이 불가능하다. 다른 공직선거는 정당을 통한 국고 지원이 있지만 그것도 없다. 전부 개인 부담이다. 후원회를 통한 모금을 제도화한다는데, 그렇게 되면 학원 관계자, 건설업자, 수리업자, 급식업자, 인사 청탁자가 바빠질 테고 비리 온상이 될 것이 뻔하다.

게다가 법으로 정당 공천과 지원을 금지해 놓고 이면에서 특정인을 내천하겠다는 공작을 꾸미고 있는데, 이쯤 되면 교육감과 교육의원 후보는 범죄의 소굴로 끌려가기 마련이다. 선거는 범죄 선거가 된다. 지난 2년간 11개 시 · 도에서 치러진 교육감 선거가 이를 증명한다. 소송사태가 봇물 터지듯 쏟아지고 당선무효, 사법처리, 가산탕진이 줄을 잇고 있다. 패가망신하고 싶으면 교육감 나오면 된다. 교육감은 선거에 이기고 소송에 이겨야 한다. 자라나는 아이들이 무엇을 배우겠나.

이제 실험은 이것으로 끝내야 한다. 선거를 교직단체가 주도하게 되면 초 · 중등으로 갈라지고 학연 · 지연으로 갈라져 교직사회는 분열과 갈등, 대립과 마찰로 혼돈의 늪으로 빠지고, 그 폐해는 고스란히 아이들에게 돌아가게 된다.

교육의 정치적 중립이란 교원과 행정가로 하여금 특정세력을 지지하거나 특정이념을 주입하는 교육활동과 행정을 해서는 안 된다는 의미인데, 이를 의회정치, 정당정치를 거부하는 논리로 삼고 있다. 교육의 정치적 중립을 내세워 정당 참여를 거부한다면 이보다 먼저 해야 할 일이 있다. 정당 공천을 받아 당선된 국회의원이나 시 · 도의원이 교육 관련 법률 · 조례 · 예산을 심의하지 못하게 하고, 국회의원과 시 · 도의원의 국정감사나 행정감사도 없애야 한다. 정당 공천으로 선출된 대통령이 교육정책을 관할하는 것도 막아야 한다. 왜 기둥뿌리엔 눈 감고 잔가지만 관심 두며, 몸통은 손대지 않고 깃털만 건드리는가.

의회정치가 정당정치라면 정당이 교육정책에 대해 공약하고 그에 대해 책임을 져야 한다. 사법처리로 교육감이 물러나도 책임지는 정당이 없고, 교육감이 갓길 주행을 해도 책임지는 정당이 없다면 그것이 무슨 정당정치이고 민주주의인가. 이제 땜질 처방이 아닌 근본적인 처방을 내려야 한다.

첫째, 교육감 선거방법은 러닝메이트로 해야 한다. 그렇지 않으면 시 · 도 조례에 맡겨 임명제 · 직선제 · 간선제 등을 택하도록 하고, 교육의원은 비례대표로 선출해야 한다. 이래야 정책선거와 능력 있는 교육계 인사들의 진출이 가능해진다. 전문성은 선거가 아닌 발굴의 대상이다. 교육의원 비례대표제는 직능대표로서의 성격에 부합되고, 특정 정당의 독점을 막을 수 있어 교육 문제의 초당적 해결을 기대할 수 있다.

둘째, 교육감과 교육의원 선거운동 방법을 지자체 선거와 차별화하여 완전선거공영제를 도입한다. 선거운동 방법을 라디오와 텔레비전 등 미디어로 한정하면 선거비용을 획기적으로 줄이고 전문성을 살리면서 교육에 대한 관심도를 제고시킬 수 있다.

셋째, 교육의원 정원을 시 · 도의원 정원 20%로 하되 7인 이하인 경우는 시 · 도 조례로 정한다. 교육의원은 교육감 업무뿐만 아니라 시 · 도지사 업무까지 간여할 수 있다. 교육청 예산이 지자체 예산의 30% 수준인데 교육의원은 시 · 도의회 의원의 8% 수준인 곳도 있고, 교육의원 선거구가 울산, 대전, 광주, 충북, 충남, 강원, 전북, 전남 인구보다 많은 곳도 있다. 교육자치가 더 이상 장식품이나 실험용이 돼서는 안 된다.

도수(度數) 안 맞는 '전교조 안경'

전국교직원노동조합(전교조) 조합원 수가 급감하고 있다. 2003년 9만 명이 현재 30% 이상 감소해 6만 명도 안 된다. 탈퇴자가 늘고 20대 신규 교사 가입은 거의 없는 상태다. 이를 두고 이제 전교조 시대는 끝났다고 판단한다면 큰 오산이다. 숫자는 줄었지만 조직은 정예화되고 전선은 뚜렷해졌으며 재야에서의 몸값은 더 올라갔다. 혁명전사인 소수 활동가는 아직도 건재하다. 전교조, 좌파 정당, 시민단체에 해직교사들이 들어가서 삼각 벨트를 구성해 연계활동을 하고 있다.

필자는 전교조 간부들에게 쓴소리를 많이 했지만 그들의 목소리에 귀 기울이고 이해하려는 노력도 많이 했다. 그러나 실체를 캐면 캘수록 전교조는 순수한 노동조합이 아니라 하나의 과격한 정치단체라는 사실을 알게 되었다. 전교조는 최근 제주 강정마을 해군기지 설치 중단 촉구, 한상대 신임 검찰총장 임명 반대를 주장했다. 교육은 물론 정치, 경제, 사회, 문화, 안보, 외교, 인사 등 간섭하지 않는 분야가 없다.

전교조는 제도권과 재야를 넘나들면서 노무현 정권 탄생에 일등공신 역할을 했고, 지난해 6명의 좌파 교육감을 탄생시켰다. 무상급식 주민투표 거부운동도 성공시켰다. 권력화 · 이념화의 길을 걸으면서 위법과 편법을 일상화했다.

전교조 안경을 쓰고 보면 애국조회는 식민지 문화의 잔재이고, 안보교육은 반통일교육이며, 충효교육은 정권 유지 교육이고, 국 · 검인정 교과서는 기득권 세력의 체제 유지 수단이다. 모두가 정치이고 이념이다. 전면 무상급식도 아이들을 볼모로 하는 정치급식, 이념급식이다. 학교마다 비정규직 학교급식노조를 만들어 민주노총 · 민노당에 가입하게 되면 정치 지형을 바꿀 수 있다는 계산이다.

그간 일부 전교조 교사는 어린 학생들을 상대로 대한민국의 정통성을 의심케 하고, 나라의 역사를 거짓으로 가르치고, 우방들을 모욕하고, 대한민국의 진로를 거꾸로 돌려놓기 위해 세뇌교육에 열을 올려 왔다. 어린 시절 학교에서 배워 각인된 인생관은 바꾸기 쉽지 않다. 그러기에 학교는 자라나는 세대에게 사회와 국가에 대한 긍정적 사고를 가르쳐 주는 곳이어야 한다. 그렇지 않으면 미래의 주인공인 청소년들이 세상만사를 부정적으로 보고 행동하게 된다. 잘못된 것은 모두 남의 탓으로 돌리고 사회에 대한 증오심과

반항심을 갖게 마련이다.

전교조 대 비전교조 구도로 치러지는 교육감 선거구도를 깨야 한다. 교육자치법상 정당은 교육감 선거 개입 금지 규정을 적용받아 표면에 나서지 못하지만 노조는 제외되기 때문에 전교조가 판을 치는 것이다. 법을 개정해야 한다. 전교조는 스스로 탈정치 · 탈이념 작업에 들어가야 한다. 이것이 전교조가 살고 나라가 사는 길이다. 교육감과 체결한 위법한 단체협약을 백지화해야 한다. 학습지도안을 쓰고 당번 제도를 부활시켜 진실성을 보여 주어야 한다.

빨치산 추모제와 촛불시위에 학생을 참여시킨 동료를 엄하게 꾸짖고, 교원평가와 학력평가를 받아들여야 한다. 학교는 염치를 가르치는 곳이다. 작은 비리에 분노하면서 교육수장의 큰 비리를 두둔하는 것은 부도덕하고 몰염치한 일이다. 아이들은 어른의 등을 보고 자란다. 아이들이 보고 배울까 두렵다.

포퓰리즘의 극치, 아이들 망칠 셈인가

지금 학교 현장에 교육은 없고 포퓰리즘이 활개친다. 곽노현 서울시 교육감을 비롯한 전국의 좌파 성향 시 · 도 교육감들은 경기도 김상곤 교육감이 도입을 추진하고 있는 학생인권조례안과 비슷한 내용의 조례안을 내년 상반기까지 도입하겠다는 방침을 밝히고 있다.

경기도 학생인권조례안을 보면 두발 · 복장 자유, 긴 머리에 빨강 · 파랑 · 노랑 염색도 자유, 보충수업과 야간자율학습도 자유, 체벌금지, 휴대전화 소지 허용, 학교 운영 및 교육정책 참여권 보장, 서약서 · 반성문 작성 금지, 사상의 자유, 집회 결사의 자유를 허용하고, 학생이 교사로부터 인권 침해를 당해 구제신청을 하면 학생인권옹호관이 교사에 대한 징계를 요청할 수 있게 하는 내용을 담고 있다.

최근에 한국교총이 전국 초 · 중 · 고 교원 442명을 대상으로 조사해 발표한 학생인권조례에 대한 인식조사 결과에 따르면, 응답자의 76%가 조례 제정에 반대했다. 92.3%는 학생인권조례가 도입되면 학생 생활지도에 어려움이 생긴다고 응답했다. 특히 두발 · 복장 자유에 83%가 학생 생활규칙 등 학교 자율에 맡기는 것이 바람직하다고 대답했고, 체벌금지 규정과 교내 집회 허용에 대해서도 각각 79.4%와 81.5%가 반대 입장을 밝혔다. 학교 선생님들의 반응이 이러한데 좌파 교육감들이 이를 밀어붙일 기세다. 우리 아이들을 망치게 될 것이 분명하기 때문에 반대한다.

첫째, 좌파 교육감들의 머릿속에는 정치만 있지 교육이란 개념이 없다. 학생인권조례의 배경인 자유와 평등 원리와 교육원리를 제대로 이해하지 못하고 있다. 교사와 학생은 사람과 사람으로서 평등한 것이지 교육자와 피교육자로서 평등한 것이 아니다. 부모 자식 간이나 사제 간에 자유와 평등 그리고 인권의 논리를 끌어들이면 교육이 설 자리가 없어진다. 규제와 억압, 참고 견디게 하는 것도 하나의 교육이다.

둘째, 좌파 교육감들은 학생들이 권리의 주체라는 것만 알고 있지 그들이 미성년자로서 법의 보호 대상이라는 점을 인식하지 못하고 있다. 독자적으로 법적 행위를 할 수 없는 미성년자에게 사상의 자유, 집회 결사의 자유를 허용하겠다는 의도가 의심된다. 학생들을 이념 편향 교육의 대상자로 삼거나 정치적 동반자로 이용하겠다는 의도가 아니겠는가.

셋째, 교권조례를 제정하여 학생인권조례와 균형을 잡겠다는 발상도 말이 되지 않는다. 학생인권조례의 가해자는 교사이고 피해자는 학생이다. 그러면 교권조례의 가해자는 학생이고 피해자는 교사가 된다. 말하자면 사제 간 갈등을 법과 재판으로 해결하겠다는 식이다. 학교는 교육하는 곳이지 재판하는 곳이 아니다. 스승과 제자는 존경과 사랑의 대상이지 협상과 흥정의 대상이 아니다.

넷째, '아수나로(ASUNARO)'라고 하는 중 · 고교생이 중심이 된 소위 학생인권단체 대표가 곽노현 서울시 교육감 취임식에 참석하여 학업성취도 평가와 교원평가 등을 반대했다고 한다. 이는 학생의 위치와 본분에서 크게 벗어난 것으로 그 자체가 비교육적이다. 학생회, 어린이회는 학교에서의 단체활동을 통해 장래 민주시민으로서 제 역할을 할 수 있도록 훈련하는 교육프로그램이지, 학생 의견을 학교 운영에 반영하기 위해 만든 기구는 아니다.

다섯째, 학생인권조례로 교실 붕괴가 가속화되고 교사의 무사안일 풍토가 심화될 것이다. 학생인권조례는 교사에 대한 철저한 불신에서 출발하는 것으로 교사의 자존심에 큰 상처를 안겨 줄 수 있다. 학교 교사의 매는 폭력이고 학원 강사의 매는 사랑이라고 빈정대며 교사의 자존심을 짓밟으면 제대로 된 교육이 이뤄지겠는가.

곽노현 교육감은 암행어사로 조용히 학교에 잠입하여 실태를 파악해 보라. 가정의 제왕인 이 시대 아이들의 생활지도가 얼마나 어려운지 교사들은 울고 싶다고 한다. 수업을 마치고 나오면서 전쟁을 하고 나왔다고 한숨짓는다. 쌍스런 욕을 입에 달고 다니는 아이들을 못 본 체하고, 잠자는 아이들을 깨우지 않는 선생님, 여학생 화장실에서 담배연기가 모락모락 피어올라도 그냥 지나간다. 이런 아이를 찾아내 생활지도를 한다는 것이 너무나 끔찍하다고 말한다.

학교는 자기가 하고 싶은 것은 무엇이나 하고, 싫은 것은 안 해도 되는 곳이어서는 안 된다. 교사는 때로는 학생에게 엄격한 자기 억제와 부단한 노력을 요구할 수 있어야 한다. 권리만 주장하고 책임질 줄 모르는 인간에게 우리 미래를 맡길 수는 없다.

어린 시절 학교 선생님의 영향력은 절대적이다. 내가 믿고 있는 선생님이 '너는 할 수 있어' 라고 용기를 주면 아이들은 그렇게 변해 간다. 교사를 믿어야 교육이 이루어진다. 불신은 불신을 낳고 교육을 망칠 뿐이다.

교육은 이론만으로 되지 않는다

검찰총장을 지낸 어느 원로 변호사가 절도범을 위해 열심히 무료 변호를 해 주었다. 그 이유는 우리 사회에 사기횡령을 일삼는 파렴치한 지능범이 들끓고 강도 살인과 같은 강력범이 날뛰는 판에, 도둑이란 먹고 살기 위해 저지르는 단순 범죄라 무료 변호에 나섰다는 것이다. 그런데 하루는 그 변호사 집에 도둑이 들어 돈과 보석은 물론 자기가 평소 애지중지하던 골동품까지 몽땅 훔쳐갔다. 그 후로 그는 절도범에 대한 무료 변호를 포기했다고 한다.

현장 경험이 없는 사람들은 열린 교육을 교육의 완성인 양 말하지만, 학교 현장의 교사들은 열린 교육이야말로 교육의 포기가 아니냐고 되묻는다. 열린 교육에 매혹되어 자비로 자율 연수를 마치고 난 후 많은 연수생들이, "우리 학교 실정으로는 열린 교육이 불가능하다"고 실토하고 있다. 강단에 서서 열린 교육을 주장하던 사람도 교단에 서면 열린 교육 반대론자가 된다고 하니 이상한 일이다.

오늘날 학교 현장은 무질서와 혼란, 갈등으로 어지럽다. 수업시간에 떠드는 아이들, 장난치는 아이들, 돌아다니는 아이들, 그리고 잠자는 아이들로 교실은 어수선하다. 그런데도 이를 말리거나 야단을 치는 선생님들이 별로 없다. 어떻게 해야 할지 갈피를 못 잡고 있는 선생님들을 보면 안타깝기만 하다.

자유, 평등, 인권만을 내세우는 분위기 속에서 선생님의 모습은 왜소하게만 느껴진다. 이러한 상황에서 열린 교육은 교실을 난장판으로 만든다. 그 결과 학력은 저하되고, 불안을 느낀 학부모들은 아이들을 과외로 내몰고, 사교육비는 눈덩이처럼 불어난다. 열린 교육은 전통적인 교사 중심의 주입식 교육의 폐해를 줄이고, 학생들의 자율성에 입각하여 다양한 학습 활동을 통해 창의력을 키워 주려고 한다는 점에서 긍정적으로 평가할 수 있다. 그러나 열린 교육은 그것이 자랄 수 있는 토양이 먼저 마련되어야 한다.

오늘날 열린 교육이 창의성을 계발해 주었다기보다는 학교 질서를 파괴해 난장판 학교로 만든 주범이라고 말하는 사람들이 많다. 설혹 주범이 아니라 하더라도 종범임을 부인하지는 못한다. 열린 교육을 하기 위해서는 학교 시설이 제대로 갖추어져 있어야 한다. 우선 크고 작은 여유 교실이 있어야 하고, 학급당 학생 수의 감축은 필연적이다. 열린 교육을 할 수 있는 환경을 마련해 주면 열린 교육을 하지 말라고 해도 열린 교육이 저절로 이루어질 것이다.

열린 교육을 관 주도로 끌고 가서는 안 된다. 그것은 행정적 지시나 명령으로 이루어지는 것이 아니다. 현실을 외면한 불도저식 밀어붙이기로 멍드는 것은 학생뿐이다. 열린 교육의 바탕은 수요자 중심 교육이다. 공부가 재미없다고 안 시키는 것이 수요자 중심 교육이 아니다. 필요하다면 학생이 싫어해도 시켜야 하는 것이 수요자 중심 교육이다. 지식의 구조를 배워야 할 시기에 놀이식 학습으로 세월을 보내게 되면, 책임 의식도 인내력도 없는 나약하고 버릇없는 인간이 된다.

지금 미국은 열린 교육을 포기하고 시험을 중시하고 규율을 강화하는 방향으로 나아가고 있다. 반면에 뒤늦게 열린 교육을 하고 있는 일본은 학교 붕괴 현상을 맞고 있다. 교육은 교사 주도로 이루어지는 것이지 학생들이 마음대로 끌고 가서는 안 되는 것이다. 교육의 근본은 사랑이지만 그 기초는 강제와 억압이란 수단을 통해 이루어지는 것이다. 교사는 때로 학생들에게 엄격한 자기 억제와 부단한 노력을 요구해야 한다. 사회적 자립을 위한 기초적인 능력을 몸에 익혀서 내보내는 것이 학교의 역할이다.

억압과 강제를 없애 버리면 아이들은 스스로 배우고 제대로 성장할 것이라는 신앙은 매우 위험한 생각이다. 기초가 되어 있지 않은 아이들에게 개성, 자유, 평등, 인권이라는 말을 함부로 사용하는 것은 무책임한 일이다. 차분히 우리나라 토양에 맞는 열린 교육을 찾되 서두르지 않았으면 한다.

학교폭력 부르는 인권조례

학생인권조례, 왕따 된 교사, 학교폭력이라는 삼각 불협화음이 학교를 혼돈 속으로 몰아넣고 있다. 지금 학교 선생님들이 체벌을 해서라도 아이들을 포기하지 않고 가르치겠다고 하는데 그럴 필요 없고 아이들 괴롭히지 말라는 것이 소위 '학생인권조례'다. 선생님을 폭력의 가해자로, 제자를 피해자로 정해 놓고, 그것도 전체 교사를 불량 학생과 같은 반열에 올려놓고 학교폭력을 근절한다는 것이다.

왕따 된 교사들이 정든 교단을 떠나고 있다. 명예퇴직 신청자가 서울 920명, 경기 563명으로 전년도 대비 25.6%, 44.7% 급증했다. 이들 중 80.6%는 명퇴 이유로 '학생인권조례 추진에 따른 학생 지도의 어려움과 교권 추락'을 들었다.

아이들을 이기려고 하면 교직 생활을 못한다고 호소해 온 초등학교 여교사가 있다. 버릇없고 이기적이고 책임감이 없는 아이들을 엄하게 지도하다가 교장 선생님에게 여러 차례 불려갔다. 학부모로부터 항의전화가 걸려왔기 때문이다. 몇 번을 참고 지내다가 명퇴를 신청했다. 옛날 어른들은 매를 아끼면 아이를 버린다고 했다. 지금 아이를 망치는 사람은 매를 드는 선생님이 아니라 아이를 그대로 방치하는 선생님이다.

지금 교실 현장은 전쟁 중이다. 가정의 제왕인 이 시대 아이들을 가르치는 선생님의 어려움이 얼마나 큰지 생각해 보았는가. 철없는 아이들은 날마다 벼랑으로 달려간다. 벼랑 끝 아이를 구하려면 강제적 수단은 피할 수 없다. 우리는 조심성 없이 아이 교육에 인권을 끌어들이고 있다. 가정에서의 부모와 자녀, 학교에서의 스승과 제자 간은 시민사회와는 달리 자유, 평등, 인권의 논리를 함부로 끌어들여서는 안 된다. 규제와 억압, 참고 견디게 하는 것도 하나의 교육이기 때문이다. 강제와 억압을 제거해 버리면 아이들이 저절로 자란다는 생각은 착각이다.

일본 정부기관인 총무청 청소년대책본부가 미국, 일본, 한국 학부모를 대상으로 의식조사를 했다. '자녀가 어릴 때는 자유롭게 키우고 성장함에 따라 엄하게 키워야 한다는 데 동의하느냐'고 물었다. 찬반 비율이 한국은 79.7% 대 19.1%, 미국은 8.2% 대 90.7%, 일본은 38.6% 대 61.4%로 나타났다. 말하자면 어릴 때 엄하게 키워야 한다고 답한 사람은 10명 중에 한국 2명, 미국 9명,

일본 6명꼴이다.

우리나라 학부모는 아이들을 어릴 때 오냐오냐하며 버릇없이 키우고, 미국은 매우 엄격하게, 일본은 그 다음으로 엄하게 키운다는 사실이 밝혀졌다. 장차 국제시민으로 살아갈 우리 아이들에게 반드시 필요한 것은 글로벌 에티켓을 갖춘 개척정신과 책임감, 남을 배려하는 마음이다. 이는 어릴 때 엄한 교육을 통해 가능한 것이다.

어느 두메산골 초등학교에 3학년 여자 담임 선생님이 있었다. 개구쟁이 소년이 개구리를 잡아다가 여자아이들 가방 속에 넣는 장난을 했다. 개구리 배를 갈라 허파가 뛰는 모습을 본 여자아이들이 울고불고 난리가 났다. 뒤늦게 이를 안 담임 선생님이 장난친 소년을 불러 세웠다. 선생님은 겁에 질린 소년의 머리 위에 손을 얹고 "너는 장차 훌륭한 외과의사가 되겠다" 하고 돌려보냈다. 훗날 그 소년은 유명한 의대 교수가 됐다. 내가 믿고 있는 선생님이 "너는 할 수 있어"라고 용기를 주면 아이들은 그렇게 변해 간다.

폭력 학생을 다른 학교로 보내고 경찰에 넘긴다고 해결되는 것이 아니다. 선생님이 경찰에 끌려간 제자를 따뜻한 손길로 데려와 어루만져 주는 것이 최선의 처방이다. 처벌이 아닌 감동이 필요하다. 인간 교육은 스승에 대한 믿음에서 출발한다. 자식을 학교에 보냈으면 선생님을 믿고 모든 것을 맡겨야 한다. 정부와 지역사회와 언론은 스승의 권위를 되찾아 주는 일에 앞장서야 한다.

교육은 결국 교사의 손에 달려 있다

교육부는 현직 교사에게 일정 기간 부전공 연수를 이수시켜 새 자격증을 내주고 있다. 국제사회의 변화에 따라 프랑스어나 독일어 중심의 제2외국어가 중국어나 일본어 등으로 바뀌고 있으며, 산업사회의 변화와 정보화 사회의 도래에 따라 농업 중심의 교과가 공업 중심의 교과로, 정보화 관련 교과로 바뀌고 있다. 교련 교과의 축소나 폐지도 어쩔 수 없을 것이다.

이러한 시대의 변천에 따른 교원 정책의 수정은 불가피한 것이라 하더라도, 이에 대한 정부의 대응책은 답답하기만 하다. 종합적인 처방이라기보다는 대증요법에만 급급하고 있지 않은가 하는 생각이 든다. 흔히 "교육의 질은 교사의 질 그 이상도 그 이하도 아니다"는 말들을 한다. 이 말이 의미하는 것은 무엇인가. 교육은 전적으로 교사에게 달렸다는 뜻이다.

오늘날 학교 교육에 대한 불신은 그 어느 때보다 심각하다. 학교 붕괴의 뒤에 학교 불신이 도사리고 있다. 학교 교육에 대한 불신은 시설, 환경, 제도나 학교 운영에서 비롯되는 점도 있으나 결국 따지고 보면 교사에 대한 불신이 가장 크다고 하겠다. 이것은 두 가지 문제로 귀결된다. 첫째, 교사의 질은 교사 자신이 담당하고 있는 교과를 제대로 가르칠 수 있는 실력이 있느냐 하는 점이다. 둘째, 교육자로서의 책임감과 사명의식을 갖고 있느냐 하는 것이다.

부전공 연수로 양성된 교사에게서 교사의 질을 담보하기란 어려운 일이다. 학교 현장의 교사들을 대상으로 한 부전공 연수는 교사의 자질을 바꾸기 어려우며, 결국 교사 불신 내지 학교 교육 불신을 초래할 수 있다. 교사 자신이 주전공으로 가르치고 있는 교과에 대해서도 학생들의 불만이 크다. 또한 전공한 교과를 가르치는 일부 교사들도 실력이 떨어져 학생들이 외면하는 실정이다. 그런데 몇 시간 부전공 연수를 마쳤다고 그 교과를 담당할 수 있다고 믿는다면 이것은 큰 오판이 아닐 수 없다.

제7차 교육과정 실시로 학생들의 교과 선택 폭이 넓어졌다. 제7차 교육과정이 성공하려면 학생들이 원하는 교과를 책임지고 가르칠 수 있는 교사 확보가 절대적이다. 그런데 부전공 연수로 양성된 교사가 과연 소기의 성과를 거둘 수 있을까. 물론 이를 해낼 수 있는 선생님들도 더러는 있을 것이다. 하지만 전체적으로 보면 대답은 부정적일 수밖에 없다.

국제화 시대를 맞아 해외 귀국자 자녀들은 물론 국내에서 공부한 학생 중에도 영어 실력이 교사보다 우수한 학생들이 많다. 그간 제2외국어만을 지도하던 선생님이 몇 시간 보수 교육을 받고서 영어 교과를 맡아 가르친다는 것이 사실상 가능한 일인지 묻고 싶다.

중등교사라면 누구나 초등학교 어린이는 가르칠 수 있고, 제2외국어 교사라면 영어쯤은 가르칠 수 있으며, 물리 교사는 수학을, 농업 교사는 생물을, 그리고 모든 교사가 환경이나 윤리를 가르칠 수 있다고 생각하는 데서 공교육은 부실해진다. 따라서 사교육에 대한 의존도가 점점 높아질 수밖에 없다. 당국은 학교 불신을 초래할 수 있는 부전공 연수에 신중해야 한다.

첫째, 부전공 문제는 현직 교사를 대상으로 할 것이 아니라 사범대학 과정에서 해결하도록 해야 한다.

둘째, 차선책으로 현직 교사에 대한 부전공 해결이 불가피하다면, 장기간 철저한 연수를 실시한 후 소정의 시험을 치러 합격자에 한해 자격을 인정해야 한다.

셋째, 부전공 자격증을 받지 못하는 교사에 대해서는, 그들이 그간 국가 발전에 공헌한 교육 공적을 인정하여 범정부 차원에서 다른 공무원 직종이나 기업체 등에 우선적으로 취업을 알선해 주어야 한다.

넷째, 중등교사 자격증 소지자의 초등교사 임용은 원칙적으로 배제하되, 교육대학에서의 철저한 보수 교육과 시험을 통해 제한

적으로 실시해야 할 것이다.

가랑비에 옷 젖는다고 했다. 아이들을 멍들게 하고 교육을 망치는 것은 작은 일에서 시작된다. 이런 점에서 지금 실시하고 있는 부전공 연수가 예삿일이 아님을 경고해 둔다.

새 정부에 바란다

우리 교육은 내로라하는 수재, 천재들을 뽑아 한국 경제를 좌지우지하는 경제관료, 경제전문가로 만들어 내는 데 성공했지만, 그들에게 책임감, 도덕성, 봉사정신을 심어 주지 못하고 국제감각, 위기관리 능력을 길러 주지 못했다. 이것이 바로 IMF 한파의 주된 원인이다.

문민정부로 출발했음에도 불구하고 지난 5년간 전쟁을 방불케 하는 대학에서의 한총련 사태와 노동쟁의는 그칠 줄 몰랐다. 그것도 알고 보면 부실한 한국 교육에 근본적 원인이 있었다고 본다.

오늘의 초 · 중 · 고교에는 토론 문화가 없다. 자치활동, 단체활동도 형태만 있을 뿐이다. 어릴 때부터 대화할 줄 모르고 회의할 줄 모르니 남의 의견을 귀담아 들을 줄도 모르고 남을 설득하지도 못한다. 이렇게 해서 대학에 진학하고 사회에 진출하니 그저 일방적 주장만 메아리칠 뿐이다. 모이면 불평이요, 일이 터지면 남의 탓이다. 이래가지고 어떻게 제대로 된 의회정치, 지방자치, 교육자치를 기대할 수 있겠는가.

우리는 국제경쟁력을 갖춘 인재가 필요하다. 그런데 우리 교육은 지금 국내용 인재 양성에 혈안이 되어 있다. 여기에 우리 국민이 10조 원이라는 과외비를 투입하고 있는 것이다. 이제 모방의 시대는 끝나고 창조의 시대가 도래하였다. 우리의 최대 결함은 정치, 임금, 자원, 환경의 취약성에 있다기보다 독창성, 발명성, 상상력 그리고 개척정신의 결핍에 있다는 것을 알아야 한다. 오늘과 같은 입시 위주의 교육으로는 자기만 아는 극단적 이기주의자만 키울 뿐 새로운 시대에 능동적으로 대응할 수 있는 인재를 키울 수 없다.

진정코 새 정부에 바란다. 첫째, 새 정부는 교육 재정 확보를 최우선으로 하는 교육개혁을 추진해 주기 바란다. 정권이 교체되었다 해서 기존의 교육개혁안을 청산의 대상으로 삼지 말고 수정 보완하여 발전시켜 나갔으면 한다.

정치개혁, 경제개혁과 경쟁을 벌이는 일은 무모한 일이다. 급히 서두르는 성급함도 금물이다. 그럴 필요도 없고 그래서 될 일도 아니다. 우리에게 지금 필요한 것은 참신성이나 저돌성보다 일관성이다. 흔히 한국 교육을 "19세기 교실에서 20세기 교사가 21세기 학생들을 가르친다"는 말로 표현한다. 우선 교원의 사기와 자질을 높이고 교육시설 환경을 선진국 수준으로 끌어올려 놓아야 한다.

나라가 어려운 때일수록 기초는 더 단단히 다져 놓아야 한다. 어려울 때 교육 투자를 아끼면 다시 일어설 수 있는 힘을 잃게 된다.

둘째, 학교 교육을 정상화시켜 주기 바란다. 한 나라에 헌법이 있다면 학교에는 '교육과정'이라는 헌법이 있다. 이를 잘 지키는 것이 바로 교육 정상화의 길이고 이것이 교육개혁의 본질이고 핵심이다. 학교 현장은 입시 위주의 교육 때문에 교육과정이 실종되거나 변칙 운영되고 있다. 학교는 보충수업이란 이름 아래 학생들에게 편법, 변칙, 거짓을 가르치고 홀로서기를 막고 있으며 마마보이를 키우고 있는 것이다.

학교 교육보다는 학원 교육이 더 날개를 달고 있고, 학교 정규수업보다는 보충수업이 판을 치고 있으며, 교과 주임이나 학년 주임보다는 업무 중심의 행정 주임이 학교를 끌고 간다. 학교 교사들은 교육과정보다는 홍수처럼 쏟아지는 공문서에 더 신경을 쓰고 있다. 분명히 지금 학교는 정상궤도를 벗어나 보조바퀴에 의해 굴러가고 있다. 교육부나 교육청에서의 장학기능은 후퇴하고 있으며 의회나 상부기관의 감사자료 준비에 학교가 시달리고 있다. 새 정부는 모든 것을 학교에 맡기고 학교에 부는 외풍을 막아 달라는 것을 부탁드린다. 교육부와 교육청은 '교육과정'을 제대로 지키고 있는가만을 챙겼으면 한다.

셋째, 경쟁의 원리를 도입하여 교직사회를 활성화시켜 주기 바란다. 종신고용제나 다름없는 오늘의 교직제도 하에서는 활력을 찾기 힘들다. 열심히 일하는 교사가 눈치보는 시대가 되어서는 안 된다. 열심히 가르치는 교사와 그렇지 못한 교사는 구별되어야 한다. 교장이나 교사이거나 간에 무능하고 부패한 사람은 가려져야 하고 정신적으로 건강하지 못한 사람도 교직을 물러나야 한다. 교육의 질은 교사의 질 이상도 이하도 아니다. '우수교원확보법' 등을 제정하여 교원의 사기와 자질을 높이는 한편, 다른 한편으로는 경쟁체제를 도입하여 새 바람을 불러일으켜야 한다.

넷째, 새 정부는 과외와 보충수업이 없는 나라에 살고 싶다는 국민들의 소박한 마음을 헤아려 주기 바란다. 그러자면 지금까지의 사교육비 절감 방안에 대한 접근 방법을 바꾸어야 할 것이다.

과외에 관한 한 무대응도 문제지만 과잉반응은 더욱 문제를 어렵게 만든다. 과외 속성상 단속을 강화하면 과외비가 오르게 되어 있고, 과외망국론으로 겁을 주면 과외가 요원의 불꽃처럼 번져 나가게 되어 있다. 왜냐하면 학부모나 학생들의 불안심리를 더욱 자극하기 때문이다. 과외는 학부모들의 애국심에 호소해서 해결할 문제가 아니다. 과외는 하나의 거품이다.

과외 열풍이 부는 것은 학부모나 학생들의 불안심리, 이를 이용한 입시 상업주의자들의 부추김 때문이다. 수능 출제 방향의 일관성 유지, 서울대의 학교장 추천제와 같은 선발 방법의 다양화, 그리고 어머니 대상의 진로 탐색 교육을 대대적으로 병행 추진해 주기를 바란다.

교육을 지배하는 정치논리

우리 교육정책이 자꾸 꼬여만 가는 이유 중의 하나가 교육 문제를 교육원리로 해결하기보다 정치논리로 해결하려고 하는 데 있다고 본다.

교육정책 수립은 첫째로, 교육의 본질 추구라는 교육원리가 잣대가 되어야 하고, 둘째는 교육현장에 기초를 두어야 한다. 교육원리 아닌 정치논리나 경제이론이 앞서고 교육현장의 여건과 정서를 무시한 관념적 당위성에만 매달린다면 그러한 정책은 교육현장에서 뿌리를 내리지 못하고 공허한 메아리로 끝나고 말 것이다.

교육정책의 일차적 오류는 교육현장을 잘 모르는 행정관료에 의한 정책수립에 있고, 이차적 오류는 학자들의 비현실적 자문에 있다고 생각한다.

교육현장의 실상을 외면한 채 한국의 교육 문제를 외국의 제도에서 해법을 찾으려고 하고 혁신적인 민주화 이론을 빌려 문제를 해결하려고 한다.

설혹 학교 현장에 접근한다 해도 교육운동가의 목소리에는 귀를 기울이면서 교육실천가들의 이야기에는 귀를 막고 있다. 교육운동가의 의견을 듣는 것이 잘못되었다는 이야기가 아니다. 교육실천가들을 개혁의 대상으로만 생각하는 정책 당국자의 기본 인식과 자세에 문제가 있다는 것을 지적할 뿐이다. 균형 감각을 잃는 편견은 현장 진단을 그르친다.

교장임기제를 보자. 학교장의 독선을 막고 교원의 신진대사를 도모하기 위한 교장임기제는 거꾸로 젊고 유능한 교사들의 앞길을 막아 놓았다. 40대 후반에 교장 발령을 받는 것은 사실상 교직 정년 10년 이상을 단축하는 결과를 초래하기 때문에 40대가 교장을 원치 않게 되었다. 이제 40대 교장론은 실종되고 말았다. 게다가 교장임기제는 교장의 고령화를 초래하고 전문직 인사의 무질서와 난맥상을 낳고 말았다.

교육자치제는 어떤가. 기초의회에서 교육위원 후보 2명을 추천하고 광역의회에서 한 사람을 뽑아 교육위원회를 구성, 그곳에서 교육감을 선출하여 바야흐로 민선 교육감 시대를 열었지만, 결국 이 제도는 부정부패의 온상물처럼 되어 버렸다. 대학 총 · 학장선거제의 도입으로 학문의 전당인 대학은 학자 간에 파벌이 조성되어 학문의 분위기가 망쳐지고 있다.

학교운영위원회를 보자. 학부모, 지역인사, 교사, 교장 모두 모여 학교 운영에 공동 참여하여 공동으로 책임지자는 슬로건은 참으로 멋있다. 그러나 문제는 학교 현장에 선거제도를 도입, 분열 갈등을 조성하고 비능률, 무책임성을 드러내고 말았다.

이러한 제도를 만들어 낸 교육정책가들의 한결같은 논리는 교육의 민주화라는 정치논리였다. 그러나 그것은 형식적 · 명목적 · 상징적 의미밖에 없었다. 진정한 실질적 민주화와는 거리가 먼 것이다.

교육의 민주화는 형식적 제도보다는 민주적 식견과 실천의지 그리고 운영의 자세가 보다 더 중요하다고 생각한다.

학교 보충수업이란 무엇인가. 사교육비 절감 방안으로서 사교육의 공교육화를 내세우고 있는데, 이는 학부모의 부담을 줄이기 위해서는 학교 교육이 왜곡되어도 좋다는 논리인 것이다. 교육을 단지 수단시하는 것으로 교육원리와는 거리가 먼 것이다. 보충수업의 이름을 빌려 학교를 입시 위주의 학원화하는 것이 교육의 정상화에 반하는 것이라면 이를 중지해야 한다. 학부모가 원하다고 해서, 그리고 학부모의 부담을 덜기 위해서 보충수업을 해야 한다는 것은 정치논리에다가 경제논리를 더한 것이다.

과외 대책도 마찬가지다. 이 문제를 정치논리로 접근하면 해결의 실마리를 찾을 수 없다. 과외가 과연 교육적으로 필요하고 현실적으로 효과가 있는 것인가를 따져보아야 한다. 지금 우리 사회에

만연되어 있는 과외는 현실적으로 효과가 있기 때문에 하는 것이 아니라 효과가 있을 것이라는 기대심리와 학생, 학부모의 불안심리를 이용한 세력들의 충동질 때문에 하는 것으로 실제는 효과가 없는 것으로 연구 결과 밝혀졌다. 우리는 과외의 허상과 해독을 과학적으로 증명해 내면 된다. 그 후의 결정은 학부모의 몫이다.

지금 우리는 뭔가 잘못 판단하고 있다. 더 무서운 것은 잘못 판단하고 있다는 사실 그 자체를 모르고 있는 것이다. 또 이보다 더 무서운 것은 알고 있으면서도 모를 체하는 것이다.

교육은 정치가 아니다. 정치의 세계는 정통성과 민주성이 생명이다. 정통성과 민주성을 앞세우는 정치의 세계에서는 갈등 문제를 다수결로 풀어 나간다. 그러나 교육의 세계는 합리성과 타당성이 보다 중시된다. 따라서 교육은 다수결로 결정할 일이 아니며 또 다수의 여론이라 해서 이에 끌려 다녀서도 안 되는 것이다. 이를 학문과 예술이 다수결로 좌우되지 않는 것과 같은 원리다. 다수결이라 해서 합리성과 타당성이 보장되는 것도 아니다.

열 마리의 양보다 길 잃은 한 마리의 양에게 더 신경을 써야 하는 것이 바로 교육 아니겠는가. 교육을 지배하는 정치논리, 경제논리를 경계한다.

제4부

뭐 배울 것이 있겠어

현해탄 너머 흘린 눈물

1994년 2월 현해탄을 건너 일본 땅을 밟았다. 선조들은 뱃길로 갔지만, 나는 비행기로 나리타 공항에 도착했다. 외교관 발령을 받고 주일 한국대사관 수석교육관으로 부임했다. 난생처음 해외 근무라 마음이 설레었다.

일본을 처음 방문한 것은 1986년 봄이었다. 일본 국제교류기금 초청을 받아 일본 전 지역을 둘러보았다. 친절한 사람들, 깨끗한 거리, 질서 있는 모습이 인상적이었다. 아름다운 자연은 내 발걸음을 가볍게 했다. 산에는 숲이 우거지고 계곡물은 콸콸 흘러내렸다. 그런데 곳곳에서 만난 재일동포들의 향수 어린 이야기를 들으면 서글퍼졌다. 그들이 외로워 보였다.

대마도를 사이에 두고 한반도와 일본 열도를 갈라놓은 현해탄. 깊고 검다고 해서 붙여진 이름이다. 동아시아 대륙에서 삐죽 뻗어

나온 반도와 대륙에서 떨어져 나간 열도를 이어 주는 바다다. 찢겨져 나간 그 아픔의 자리에 고통의 눈물이 스며들었다. 상처와 슬픔을 안고 있는 반도와 열도는 서로 창과 방패를 들었지만 사실은 서로를 아쉬워했다. 가야와 백제 문화가 들어갔고 조선통신사가 드나들던 곳도 여기였다. 일제강점기 한국인들이 징병, 징용, 정신대로 끌려간 뱃길도 이곳이었다. 그래서 현해탄은 한민족의 슬픔과 아픔과 분노까지 모두 알고 있다.

1945년 8월 15일 조국 해방과 함께 찾아온 남북 분단은 재일동포에게도 비극을 안겨 주었다. 일제에 시달려 왔지만 이제까지 하나였던 재일동포 사회는 북을 지지하는 조총련과 남을 지지하는 민단으로 갈라졌다. 조총련은 전국에 초 · 중 · 고교에 대학까지 세워 민족교육을 하고 있는 데 비해 민단은 도쿄, 오사카, 교토에 민족학교를 세웠을 뿐 2, 3세 대부분은 일본 학교에 다니고 있었다. 집에서도 모국어를 쓰지 않아 우리말을 모른다. 그래서 우리 정부가 민족교육을 위해 교사를 파견하게 된 것이다.

내가 부임하던 그해 봄, '재일동포 민족교육자대회'가 오사카에서 열렸다. 이 대회는 한 해에 한 번 일본 지역을 돌아가면서 개최되었다. 일본 각 지역의 민단 관계자와 한국에서 파견된 교육관, 교육원장, 교장, 교사들이 참석하였다. 지역별로 교육 사례를 발표하는 자리였다. 어느 교육원장은 한숨을 쉬면서 이렇게 말했다.

"한국어를 가르쳐 주겠다고 해도 오지 않아요. 수강생 중 반이 일본인이에요."

한 교육원장은 교포들이 넓게 흩어져 살고 있어 몇 그룹을 정해 현장 방문지도를 한다고 했다. 그리고 재일동포 3세 여자 선생님으로부터 충격적인 이야기를 들었다. 모국에 유학 가서 우리말을 배우고 난 후 고향인 오사카에 돌아와 열심히 가르쳤는데, 하루는 민단 간부가 와서 "한국말을 배워 뭐하느냐"면서 아이를 데리고 갔다는 것이다. 이런 상황에서 수석교육관인 내가 무슨 일을 어떻게 해야 할지 고민이 깊어만 갔다

사이타마 현 히다카 시에는 고마(高麗) 신사가 있다. 그곳에는 옛 고구려 유민들이 살고 있다. 한자로 '고려'라고 쓰지만 일본어로는 '고마'라 읽는다. 고려가 아닌 고구려와 관련이 있다. 그곳 산과 강 이름도 고마야마(高麗山), 고마가와(高麗川)다. 신라와 당나라에 의해 고구려가 멸망하고 그 유민들이 이곳에 와서 정착해 살고 있다. 고마 신사를 찾았다. 일본에 건너온 조상들의 그동안 살아온 역사가 고스란히 기록으로 남아 있었다. 그런데 그 후손들은 한국말을 전혀 못했다.

사이타마 한국교육원장으로 하여금 그들에게 한글을 가르치도록 했다. 인근에 사립 여자고등학교가 있었다. 호소다 교장은 한국을 무척 좋아했다. 한국인을 비서로 채용하고 한국어를 제2외국어로 배우도록 했다. 한국에 있는 학교와 자매결연을 맺고 매년 학생들을 한국으로 수학여행을 보냈다. 경주와 부여는 물론 강원

도 정선 땅을 찾아 정선아리랑을 부르도록 했다. 호소다 교장은 명예 서울시민이 되었고 한국 여행기를 책으로 발간하기도 했다. 나는 고마 신사와 호소다 교장을 자주 찾아갔다.

이바라기 현의 교육연구소 초청으로 학교 선생님을 대상으로 강의할 기회가 있었다. 일본인 교사들로부터 자기 학교에 다니는 조선족 여학생이 일본인 행세를 하는데 왜 그러는지 모르겠다는 이야기를 들었다. 사실 많은 재일동포들이 스스로의 정체성을 감추고 일본인으로 살아가고 있었다.

재일교포들은 대부분 두 개의 이름을 갖고 있다. 본명(本名)과 통명(通名)이다. 일본 말로는 혼메이, 쓰메이라고 한다. 순수한 한국인 이름인 본명을 감추고 일상 사회생활에서는 일본식 이름인 통명을 사용한다. 중국에서 태어난 조선족은 국적은 중국이지만 한국어를 잘한다. 일본에서 태어난 조선족은 국적은 한국이지만 한국어를 못한다. 중국은 소수민족 보호정책이고, 미국은 다민족 다문화정책인데, 일본은 동화(同和)정책이기 때문이다. 차별받지 않으려는 재일동포들의 소리 없는 절규에 마음이 아팠다. 누구를 원망하고 저주한다고 해결될 일이 아니었다.

오래전에 롯데 신격호 회장을 일본에서 만난 적이 있다. 그와 이야기를 나누면서 놀라운 사실을 하나 발견했다. 태평양전쟁이 끝난 후 재일동포들은 한반도가 남북으로 갈라지자 일대 혼란에 빠졌다. 당시 민단은 없었고 조선인연맹이 있었다. 조총련(조선인총

연맹)의 전신이다. 한덕수가 재일동포사회에서 사실상 군주 노릇을 하고 있을 때였다. 일본에서 사업을 하려면 그를 무시할 수가 없었다. 너도나도 한덕수를 만나기 위해서 줄을 섰다. 그의 집은 문전성시를 이루었으나 그는 사람을 함부로 만나 주지 않았다.

신 회장은 며칠간 그를 찾아갔으나 끝내 면담을 못했다. 그렇게 문턱이 높았다. 당시 신 회장이 한덕수를 만났더라면 오늘의 롯데 재벌이 탄생할 수 있었을까. 잠실에 세워진 105층 빌딩을 올려다보니 만감이 교차했다. 인간지사 새옹지마(塞翁之馬)라 했던가.

일본에서 태어나고 자란 재일교포 2세를 보면 반가움과 연민의 정이 발동한다. 어느 민단 단장 아들이 대학교수로 있지만 우리말을 전혀 하지 못했다. 롯데 신격호 회장의 아들 중 형은 한국말을 못하지만 그 아우는 한국말을 잘한다. 처음에는 도무지 이해되지 않았으나 살면서 이해하게 되었다.

나에게는 잊을 수 없는 재일교포 한 분이 있다. 그 아버지는 징용으로 일본에 끌려갔다. 일본 태생의 김장혁 씨가 한국대사관으로 나를 찾아왔다. 그는 자신은 조선학교를 졸업했고 아들딸도 그랬다고 했다. 조총련 조선학교에 다녀야 한국말을 할 수 있어서라고 했다. 그와 자주 만나 담소를 하면서 그의 조국에 대한 사랑이 남다르다는 것을 알았다.

그가 과거 조총련 소속이었었는지는 묻지 않았다. 현재는 민단 소속임은 분명했다. 아들 이름은 김기둥, 딸 이름은 김얼이었다.

한자로 옮겨 적지 못하는 순수 우리말이 아닌가. 그는 조국에 대한 사랑이 컸다. 한국에 자주 갔다. 언젠가 돈을 벌면 아버지의 고향인 경북 청송에 크게 기부를 하겠다는 포부도 밝혔다. 그의 딸이 북한식 가야금을 전공했고 평양에도 다녀온 적이 있다고 했다.

하루는 그가 딸이 한국에 가서 가야금 공부를 했으면 좋겠으니 도와달라고 했다. 나는 평소 그의 모국에 대한 사랑에 감동받아 그를 도와주고 싶었다. 궁리 끝에 이화여자대학교 황병기 교수에게 부탁했다. 경기고등학교와 서울 법대를 나와 법조인의 길을 마다하고 가야금 교수가 된 황 교수였다. 내 딸의 은사이기도 하다.

김장혁 씨는 부동산 사업을 하는 분이었다. 그는 한일관계, 국제관계 등에 대해서도 해박했다. 그가 사회를 보는 안목도 건전하고 정확했다. 우리 집 혼사가 있어도 한국을 찾아왔고, 나의 출판기념회에도 참석해 주었다. 그는 우리 내외를 일본으로 초대하여 하코네 온천에서 며칠 묵게 하는 등 많은 배려를 해 주었다. 이제는 우리가 그에게서 받은 은혜를 갚을 때가 된 듯하다.

그는 모국을 무척 사랑했다. 김포공항에 내려 신사동 간장게장 음식점을 가기 위해서 택시를 대절한 적이 여러 번 있다. 그때 택시기사와 함께 간장게장 식사를 했다.

내가 그에게 "우리 함께 금강산 구경이나 자자" 했더니 그는 "내 나라 내 땅을 찾아가는데 왜 그렇게 많은 돈을 내야 하느냐"고 대답했다. 나는 그의 대답에 할 말이 없었다.

전쟁고아의 일본인 어머니

1995년 가을 '사랑의 묵시록'이란 한일 합작 영화를 보았다. 다우치 치즈코(田內千鶴子)란 여인의 파란만장한 일생을 그린 영화였다.

그녀는 일곱 살 어린 나이에 조선총독부에 근무하는 아버지를 따라 낯선 조선 땅 목포에 와서 초등학교와 중학교를 나와 어느 학교 음악 교사가 되었다. 그리고 거리의 부랑아들을 모아 공생원(共生園)이라는 고아원을 운영하는 한국인 청년 윤치호 전도사를 도와 고아들에게 음악을 가르쳤다. 부모의 반대를 무릅쓰고 거지 대장으로 불리는 윤치호와 결혼하여 윤학자(尹鶴子)로 살았다.

1945년 8월 15일 태평양전쟁이 끝나 일본인은 바다 건너로 쫓겨갔다. 윤학자도 친정인 일본 고치로 돌아갔지만 남편과 고아들을 잊을 수 없어 홀어머니를 남겨두고 다시 한국 땅을 밟았다. 남편은

친일파로 몰려 모진 고생을 했다. 6 · 25전쟁으로 인민군에 의해 인민재판을 받았다. 수복 후에는 부역했다고 불려가 고초를 겪었다.

그들 부부를 괴롭힌 것은 고아를 위한 희생과 봉사에 따른 어려움이 아니라 정치와 이념이라는 요물이었다. 전쟁이 한창이던 1951년에 식량을 구하러 도청에 다녀오겠다고 집을 나간 남편 윤치호는 행방불명되어 돌아오지 않았다. 아들 윤기가 너무 안돼 보였다. 고아들은 공생원에 들어와서 어머니가 생겨 행복해 보였으나 윤기는 친어머니가 있어도 '어머니' 라고 마음껏 불러보지 못했다. 고아가 아니면서 고아원에서 자랐다. 어머니에게 응석을 부려 보거나 투정 한번 해 보지 못했다.

나는 일본에 있을 때 귀국하면 목포 공생원에 가서 윤기를 꼭 한번 만나야지 하고 마음먹었다. 귀국한 후에도 '목포' 하면 공생원이 연상됐고, 아무 때나 그곳에 가기만 하면 그를 만날 수 있을 거라고 생각했다. 그러다가 시간이 흐르면서 잊고 지냈다.

그런데 우연히 일본 교토에서 그를 만나게 되었다. 장애학생 교육기관의 학생들이 일본 양로원에 가서 봉사활동을 한다기에 따라나섰다. 현해탄을 건너가는 코스였다. 부산을 떠나 시노모세키를 거쳐 일본 내해로 오사카로 가는 항로였다. 배에서 밤을 보내고 이튿날 상륙해서 교토에 있는 '고향의 집' 을 방문했다. 연세가 좀 들어 보이는 분이 우리를 맞았다. 순간적으로 이상한 느낌이 들었다.

"혹시 '사랑의 묵시록' 에 나온 공생원의…."

"예, 제가 윤기입니다."

"아, 그렇군요. 꼭 만나고 싶었습니다."

그곳에서 이렇게 만날 줄이야. 꿈만 같았다. 다우치 치즈코 여사의 아드님 윤기 이사장이었다. 목포 공생원에 가면 언제나 만날 수 있으리라 생각했는데 일본 땅 교토에서 만난 것이다. '윤기는 지금 어떻게 살고 있을까' 항상 궁금했다. 어린 소년이 아닌 칠십대에 접어든 그는 가난한 재일교포 노인들을 위해 일본 각지에 '고향의 집'을 세우는 일을 하고 있었다. 영화 속 소년은 어느새 백발이 성성했다.

윤기 이사장에게 어머니의 이야기를 직접 듣게 되었다. 전쟁 당시 갓난아기를 버리고 달아나는 사람들이 많았다. 고아원에 들어와 며칠 만에 죽는 애들도 있었다. 어머니는 죽은 갓난아기를 하얀 천으로 싸 옆에 눕히고 하룻밤을 보냈다. 무서워하는 아들에게 "산사람이 무섭지, 죽은 사람은 남을 해치지 않는다"며 달랬다.

언젠가 병석에 누운 어머니가 우메보시(梅干し)가 먹고 싶다고 하셨다. 어린 나이에 한국에 건너와 한복을 입고 한식을 드시면서 평생을 전쟁고아들과 사신 어머니가 우메보시를 찾은 것이다. 이를 보고 어린 시절 한국에서 자란 재일교포 어르신들도 김치를 드시고 싶을 거라는 생각에 '고향의 집'을 세우게 되었다고 한다. 오사카, 사카이, 고베, 교토 네 곳에, 최근에는 도쿄에도 문을 열었다.

10월 31일은 다우치 치즈코 여사가 이 세상에 태어난 날이자 이

세상을 하직한 날이다. 생일과 기일이 같은 날이다. 2009년 10월 31일 아내와 함께 고치에 갔다. 수백 명 앞에서 '국경을 초월한 다우치 치즈코의 사랑'이라는 제목으로 기념강연을 했다. 국내에서도 전남지사를 비롯하여 많은 분이 참석했다. 연단에 서니 눈물이 핑 돌았다. 일본에서 편히 살 수 있는 환경임에도 불구하고 왜 한국 땅에 와서 전쟁고아, 거지 그리고 버려진 갓난아이를 받아 그 고생을 했을까 생각하니 눈물겹도록 고마웠다. 서른이 갓 넘은 나이에 남편 없이 해낸 그녀의 국경을 초월한 애틋한 사랑에 감사 인사를 드렸다. 3천 명의 고아들이 어머니 덕분에 건강하게 성장하여 대한민국의 역군이 되었다.

1912년 일본에서 태어나 한국에서 모진 고생을 하다가 56세가 되는 1968년에 생을 마쳤다. 목포 사람들은 시민장으로 장례를 치렀다. 그녀는 남편의 고향 함평 땅을 찾아 윤학자로 영원히 잠들었다. 아직도 돌아오지 못한 남편을 대신해 유물이 그녀 옆에 같이 묻혔다. 고치는 그녀의 부모님이 잠들어 있는 곳이고 그녀가 일곱 살까지 살던 옛 고향이다.

고향 사람들은 태평양으로 흘러들어가는 강가에 다우치 치즈코(田內千鶴子) 기념비를 세웠다. 비문에는 한국 땅에서 고아들을 위해 일한 기록이 적혀 있었다. 아내와 나는 고개 숙여 인사를 드렸다. 고치의 하늘과 바다, 강과 산이 어우러져 그렇게 아름다울 수가 없었다.

사할린, 얼마나 외롭겠어

재일동포 민단 모임에 가면 팔십이 훨씬 넘은 할머니가 휠체어에 몸을 싣고 나타나곤 했다. 보통 키에 다부진 인상이었다. 그분이 누구냐고 물었더니 민단의 오기문 상임고문이라고 했다.

오씨 할머니는 언제나 당당한 태도에 목소리는 우렁차고 보통 말씨도 웅변조 같았다. 오씨 할머니를 자주 만날 기회가 있었고 그의 집에도 가보았다. 그곳에는 휠체어를 끌고 있는 아쿠츠 치즈코(阿久津千鶴子) 씨가 있었다. 그녀는 일본인이고 친딸도 아닌데 할머니를 어머니라 부르며 따랐다. 그가 사는 곳은 서울에서 천안 정도 먼 거리지만 할머니가 어디 간다고 하면 달려와 휠체어를 잡았다.

오씨 할머니의 젊은 날 이야기는 소설 같다. 1911년 경북 고령에서 태어난 할머니는 나라 잃은 설움이 복받쳐 우선 신학문을 익혀

독립운동을 하려 했다고 한다. 아버지께 공부하고 싶다는 소망을 말했으나 거절당했다. 중학교에 우수한 성적으로 합격했지만 부친은 여자가 무슨 학교냐며 냉담했다. 담임 선생님이 사비를 털어 학비를 대주었으나 아버지에게 들켜 수포로 돌아갔다. 결혼하라는 아버지 말을 따르지 않아 수없이 매도 맞았다고 한다. 하루는 아버지가 "조상 뵐 면목이 없다. 이제 내가 죽을 차례다" 하며 낫자루를 들고 나타났다고 한다.

"제가 잘못했어요. 아버지 말씀대로 하겠습니다. 노여움을 푸세요."

아버지 말씀에 순종해 열여덟에 일본으로 시집을 갔으나 스물다섯에 혼자되었다. 할머니는 6 · 25전쟁이 일어나자 재일동포 위문단을 만들어 한국 전선을 돌면서 위문공연도 전개했다. 이승만 대통령이 경무대로 불러 공로를 치하했다.

"당신 소원이 무엇이오?"

"재일동포들에게 모국에 올 수 있는 여권을 내주는 것입니다."

"대단하오. 남들은 적산가옥이나 과수원 이야기를 하는데…."

그 후 재일동포들이 조국에 올 수 있는 길이 열렸고, 할머니는 한국 정부의 특별 배려로 전국 어디든 기차를 탈 수 있는 무임승차권을 발급받았다고 회고했다. 당시 이승만 대통령은 반공방일(反共防日) 정책을 고수해 교포 모국 방문이 자유롭지 못했다. 이승만 대통령 내외분과 함께 찍은 사진과 박지만을 무릎에 앉히고

육영수 여사와 함께 찍은 사진도 내게 보여 주었다.

어느 날 오씨 할머니가 대사관으로 나를 찾아왔다. 민단 단장이 찾아와 이번에도 고문님이 훈장 대상자에서 빠졌다고 불평하기에 나무랐다고 말했다.

"이 사람아, 어련히 알아서 판단했겠는가. 그런 것 갖고 정부 욕하면 안 되지!"

나는 할머니가 큰 그릇이라는 것을 느끼면서도 뭔가 매우 섭섭해 하는 것 같았다. 민단에서 수상자 명단에 해마다 올라갔지만 실제 수상자는 다른 후배에게 돌아가곤 했다. 궁리 끝에 광복 50주년 '민족교육상' 계획을 세워 교육부와 협의하였다. 광복 후 처음으로 교육 부문만 별도로 대대적인 훈·포장을 하게 되었다. 교토 한국학교의 최영호 이사장과 민단 중앙본부 오기문 상임고문이 무궁화장을 받게 되었다. 서울에서 '민족교육자대회'를 열어 할머니를 축하해 드렸다.

오 할머니는 1993년 사재를 털어 고향 경북 고령에 태창양로원을 열었다. 징용으로 끌려간 사할린 거주 무의탁 노인들을 고국으로 모셔오기 위해서였다. 동포들을 위해 온 정열을 바치다가 일본 땅에서 2014년 6월 29일 104세를 일기로 파란만장했던 생을 마쳤다.

할머니는 일본에서 86년을 사시다가 일본 땅에서 돌아가셨지만 끝내는 고국의 품에 안겼다. 내가 할머니를 마지막 뵌 것은 할머니가 백세 되던 해 경북 고령 태창양로원에서였다. 나는 아쿠츠 치즈코의 권유로 그곳 복지재단 이사로 회의에 참석하고 있을 때였다.

할머니가 저세상으로 가신 후 아내와 함께 할머니가 잠들고 계신 천안 '망향의 동산'을 찾았다. 고향을 그리며 숨진 재일동포 영령들의 안식을 위해 세워진 곳이다. 할머니 묘소 앞에서 무릎 꿇고 인사를 드렸다. 비석에는 '무궁화장'을 받은 기록이 있었다. 도쿄에서 만나 할머니 말씀을 듣던 그때 생각이 났다. 망향의 동산을 조성하는 데 공을 세운 분들의 이름이 적힌 기념비에는 이만섭 전 국회의장 다음에 할머니 이름이 올라 있었다. 망향의 동산에는 당신이 데려온 사할린 노인 148명 중 125명이 이미 잠들어 있었다.

일본에서 아쿠츠 치즈코가 한국을 찾아왔다. 한국어를 못하면서도 태창양로원 이사로 일하고 있다. 어떻게 한국을 좋아하게 되었는지 궁금해서 물어보았다. "88올림픽 때 남편과 서울에 왔는데 지나가는 사람이 길을 묻지 않겠어요? 우리가 한국 사람과 똑같이 생겼나 봐요."

그녀가 환하게 웃었다. 몸이 불편한 오기문 할머니를 도운 것도 그 때문이었고, 한국이 좋아 아들 둘을 한국에 유학 보냈다고 한다.

언젠가 아쿠츠와 함께 동작동 국립 현충원을 찾은 적이 있다. 항일 독립운동가들의 유해가 묻힌 곳도 있다고 했더니 한 번 가보자고 해서 동행했다. 아쿠츠는 분향을 하고 참배했다. 그녀와 만나면 오씨 할머니의 이야기가 나오기 마련이다.

"일본에서 해방을 맞았지. 일본 패망 이후 사할린에 갔던 일본인들은 속속 돌아오는데, 같은 땅에 강제 징용돼 갔던 한국 사람들은 깜깜 무소식이더라고. 그 추운 땅에서 얼마나 외롭겠어. 일본 총리공관에 수십 번 쳐들어가 '조선 사람 돌려 달라' 고 시위를 했어. 재일대한부인회 회장으로 일본 참의원들을 만나 설득했지."

그것이 계기가 되어 '사할린 동포' 문제가 극적으로 타결됐다고 한다. 살아생전에 그렇게 당당하던 할머니 모습을 보고 싶다.

일본 열도를 덮다

어떤 일이든 동기 유발이 필요하다. 그래서 생각해 낸 것이 재일동포 자녀를 대상으로 한 '우리말 이야기 대회'였다. 본국에서 파견된 일본 전역 16개 한국교육원장이 지방 민단과 협조해서 이야기 대회를 실시하도록 했다. 지방 예선을 거쳐 도쿄에서 본선을 치렀다. 본선 입상자는 모국 방문을 시켰다. 이런 행사는 광복 후 처음 있는 일이어서 민단 사회가 떠들썩했다. 대한항공에 협조를 구했다. 서울 왕복 항공료를 반액으로 할인받아 30여 명의 학생을 인솔해 김포공항으로 들어왔다. 교포 3세인 아이들 상당수가 모국 방문은 처음이었다. 교육부장관을 예방하고 청와대, 경복궁, 독립기념관, 민속촌을 둘러봤다.

중앙청으로 불리는 옛 조선총독부 건물이 해체 중이었다. 일제의 상징인 꼭대기 둥근 돔이 광장 밑바닥에 처량하게 놓여 있었다. 일본에서 태어난 어린 학생들과 이를 바라보니 만감이 교차했다. 역사의 현장을 보면서 한말과 일제 때 우리가 처한 비극을 교포 아이들에게 설명해 주었다.

1994년 주일 한국대사관에 근무한 지 얼마 안 되어 조총련이 '한글능력검정시험'을 시행하고 있다는 것을 알았다. 조선은행 감사이면서 조총련 간부인 정무진이 출자해서 실시하고 있다는 정보를 들었다. 민단 동포들까지 이 검정시험에 응하고 있었다. 평양말을 문화어라고 하면서 이를 기준으로 출제한다고 들었다. 정무진을 찾아가 인사를 하고 대화가 시작되었다.

"서울은 한반도 중심에 있고 또 조선시대 오백 년 도읍지 아닙니까?"

능력시험은 서울말이 중심이 되어야 한다는 취지로 말했다.

"중국을 보세요. 국토는 갈라져 있지만 언어는 하나입니다."

대만 이야기를 꺼냈다. 대만 텔레비전을 켜면 화면에 북경어 한자 자막이 나온다. 북경어를 표준어로 하고 있기 때문이다. 그에게 서울말을 표준어로 출제하라고 설득했다.

"민단으로 전향하여 서울말 검정시험을 실시하면 좋겠습니다."

잽을 넣어 보았다.

민단으로 전향하여 서울 표준어로 검정시험을 실시한다면 한국 정부에 보고하여 사업을 돕겠다고 했다. 북송한 자식이 둘이나 있어 처음부터 큰 기대는 하지 않았으나 내친김에 눈 딱 감고 한마디

한 것이다. 그는 자존심이 상했는지 크게 화를 내며 말했다.

"남조선은 왜 외세에 의존해 사는지 모르겠습니다. 외래어도 많고 말입니다."

"외세 의존이라고요? 한국은 외세와 다 함께 평화롭게 살자는 것이죠. 북한도 그렇게 해야지요."

외래어는 필요해서 쓰는 것이고 일본도 그렇게 하고 있지 않느냐고도 반문했다.

교육부 담당 국장과 차관에게 문제의 심각성을 써서 편지를 보냈으나 아무런 대답이 없었다. 고민 끝에 황급히 귀국하여 대책을 논의했으나 남의 일처럼 생각하는 것 같아 화가 났다. 교육부 지원을 요청하면서 격한 말도 오갔다. 끝내는 재촉하는 내게 짜증내며 핑퐁을 쳤다.

"한국어능력시험은 어문정책으로 교육부가 아닌 문체부 소관입니다."

할 수 없이 문체부로 달려갔다. 6 · 3세대로 당시 학생운동을 주도했던 김도현 차관을 찾아가 사정을 설명하고 호소했다. 예산을 마련해 보겠다는 약속을 받아냈으나 성사되지는 않았다. 주위에서는 아무 보장도 없이 어떻게 큰일을 벌이느냐고 만류했다. 그러나 나는 물러설 수 없었다. 조총련이 하는 한글능력시험을 어떻게 그대로 보고만 있으란 말인가. 결심을 굳혔다.

능력시험 준비는 일본에 있는 한국교육재단을 이용하였다. 한국

교육재단은 일본에서 공부하는 교포 학생과 본국에서 온 유학생에게 장학금을 지급하는 재단이다. 대사관 수석교육관인 나는 재단 상임이사였지만 이사장의 협조가 필요했다.

하루는 김태지 대사가 이사장과 나를 호텔로 초청해 저녁을 냈다.

"이사장, 김 수석이 하려는 방식은 '한국식' 이야. 이해하시고 협조해 주세요."

나는 웃음이 나왔다. 그렇다. 내가 추진하는 방식은 빨리빨리라고 하는 '한국식'이었다. 일본은 일을 그렇게 하지 않는다. 나는 그것을 잘 알고 있다. 준비 기간만 2년은 걸릴 것이다. '일본식' 으로 하면 빈틈이 없겠지만 시간이 없었다.

"그렇습니다. 우선 일을 벌여 놓고 뛰면서 보완하기로 하지요."

이사장은 제주 출신 교포 2세로 처음에는 미온적이었지만 그 후 적극 협조했다.

더 큰 산이 가로놓여 있었다. 근본적인 재정적 뒷받침이 필요했다. 한국교육재단의 지원만으로는 부족했다. 나는 도쿄에 있는 삼성재팬의 윤종룡 사장을 찾아가 호소했다. 그간의 사정을 자세히 설명하고 도움을 청했다.

"사장님, 이는 대한민국의 자존심입니다. 도와주십시오."

윤 사장은 선뜻 지원하겠다는 약속을 해 주었다. 연간 2,600만 엔씩 2년간 지원하겠다고 약속했다. 당시 환율로 7억 원에 해당되는 액수였다. 그중의 반은 유학생 장학금이었다. 능력시험 준비는 착착 진행됐다. 당시 도쿄 삼성 사무실은 초라했다. 아키하바라는 세계적인 전자제품 시장인데, 삼성 제품은 보이지 않았다. 그런데도 윤 사장은 큰 결심을 해 주었다.

이제 출제가 문제였다. 우선 '한국어능력검정시험위원회'를 구성했다. 수소문 끝에 국내 저명한 학자를 찾아내 일본으로 초청했다. 태평양이 출렁이는 아타미 한 호텔에서 그분들에게 간곡히 부탁했다. 서울대 심재기, 박갑수, 연세대 김석득, 고려대 성광수 그리고 명지대 진태하 교수의 협조를 얻어냈다. 김석득 교수가 출제 책임을 맡고, 일본 간다(神田)대학의 김동준 교수가 실무 책임을 맡았다. 조총련의 '한글능력시험'에 협조하고 있던 우메다 히로유키(梅田博之) 교수는 그곳에서 탈퇴, 우리가 하는 '한국어능력시험'에 적극 협조했다. 도쿄 한복판 신바시 역 부근에 사무실을 냈다. 내 보좌관이기도 한 한국교육재단 김형만 사무국장의 조언이 큰 도움이 되었다.

드디어 사상 최초로 '한국어능력검정시험'을 실시했다. 급별 난이도를 보기 위해 사전에 모의시험도 실시했다. 당시 영어, 일어 능력 검정시험은 있었으나 한국어능력검정시험은 본국에서도 없었다. 5등급으로 나누어 실시했다. 삿포로, 센다이, 도쿄, 니가타, 나고야, 오사카, 히로시마, 후쿠오카 등 8개 지구에서 일시에 실시했다. 일본 48개 지방자치단체 중 45개 지방에서 응시자가 나왔으니 일본 열도를 뒤덮은 셈이다. 본국에도 없던 검정시험을 일본

전 지역에서 실시한 것이다. 멀리 오키나와 섬에서 비행기를 타고 후쿠오카에 와서 능력시험을 치렀고, 한국에 유학 중인 일본인 학생과 동포 학생이 일부러 일본에 건너와서 응시하기도 했다. 85세 일본인 할아버지가 응시해 큰 화제를 낳기도 했다.

진학이나 취업을 위한 것이 아니었다. 어느 일본인은 한류가 좋아서, 또 누구는 한국 여행을 가려고, 또 한국인과 싸움을 했는데 한국말을 못해 당한 것을 멋지게 갚아 주겠다는 괴짜도 있었다. 일본 영토는 대만 옆 섬에서부터 멀리 러시아 사할린 건너편까지 펼쳐 있는 1억2천만 명의 섬나라다. 나는 이 일을 해냈다. 한국교육원의 사기는 충천했고, 민단은 환호하고 조총련의 위세가 크게 꺾였다. 한국어 붐이 일본 열도에 불붙기 시작했다.

8만 명에 달하는 응시자를 분석해 보니 한국 국적의 재일동포가 60%가량 되었다. 일본인 숫자도 예상 외로 많았다. 조총련 소속 조선족 응시자도 적지 않았다. 한국어능력검정시험에 응시한 동기는 진학이나 취업 준비가 많겠지 했는데 예상 밖이었다. '그저 한국어를 하고 싶어서' 라는 이유가 의외로 많았다.

한국어능력검정시험을 마친 후 그 결과를 교육부에 보고했다. 신문과 방송에도 대대적으로 보도했다. 그런데 교육부 장 · 차관이나 담당 국 · 과장으로부터 전화 한 통 없었다. 일을 하면서 교육부를 너무 괴롭힌 때문일까. 민단 사람들은 황무지에서 큰일을 해냈다고 감사패를 보내 주었다.

사상 최초로 실시한 한국어능력검정시험은 네 번에 걸쳐 실시되고 막을 내렸다. 그 뒤 국내에서 KBS와 국제진흥원 주관으로 일본뿐만 아니라 중국, 미국, 러시아, 베트남 등에서 실시하고 있다.

내가 어떻게 정부 지원 한푼 없이 일을 해냈는지 나도 모르겠다. 고통을 거치지 않고 얻은 승리는 영광이 아니라고 자위해 본다. 이제 일본 열도에서의 한국어능력검정시험은 하나의 전설로 남게 되었다.

조총련 조선학교 여선생님

일본에 와서도 나와 이념이 다른 사람들과 대화를 나누고 싶었다. 1995년 여름 츠츠미 가쓰오(堤千恩) 씨의 소개로 전에 조총련 조선학교에 근무했던 선생님들을 만났다. 외교관 신분으로 조총련 사람을 만난다는 것은 어려운 일이었다. 조총련 사람을 자유롭게 만나는 공무원은 없었다. 그러나 나는 그들을 만나보고 싶었다. 하지만 '김일성 장군 만세', '김정일 장군 만세' 라고 써붙인 학교를 찾아갈 수는 없었다. 관계기관에 조총련 인사를 만나게 된 경위를 보고했다. 이해를 구하고 조총련 사람들을 만나기 시작했다.

1996년 정초 조선학교 선생님들을 롯폰기에 있는 한국 음식점 '진로가든' 에 초청하여 신년회를 베풀었다. 그들은 나도 보지 못한 한국 드라마 〈모래시계〉 비디오 테이프를 내보였고, 〈여명의 눈동자〉가 그렇게 좋았다고 했다. 조선학교에서 교사를 지낸 한 여인은 자기가 제일 좋아하는 노래가 최진희의 '사랑의 미로'라고 했다.

그들 부모님은 모두 남한 출신이었는데 집안에 한두 사람 북송 교포가 있었다. 북한에 몇 번 다녀온 사람들이라 평양 이야기도 나누었다. 모두 일본에서 태어난 교포 2세들이지만 조선학교를 나온 사람들이라 우리말을 잘했다. 나는 그것이 무척 고마웠다. 자녀들의 장래 결혼을 걱정하기도 했다. 피는 물보다 진하다고 했던가. 그들과 만나 이야기를 하면서 이념이라는 것이 얼마나 허망한 것인가를 느끼게 되었다.

"조국 해방 후 시누이 내외가 북송선을 탔지요. 일본에 있어 봐야 자식들 결혼시키기도 어렵고, 공화국에 가면 어쨌든 조선 사람하고 결혼할 테니까요."

"우리는 공산주의자가 아니라 민족주의자라니까요."

"민단 사람들은 우리말을 못하지만 우리는 이렇게 우리말을 다 하지 않습니까."

나는 "현재 우리가 속고 있다. 그런 사람이 20%가 넘으면 체제가 무너진다"는 어느 정치학자의 말을 인용하여 말했다. 그런데 북한은 이미 20%가 넘었다고 했더니 저녁 먹는 술자리이기는 했으나 긴장하는 빛이 역력했다. 나는 사태를 수습해야만 했다. "여러분들, 걱정하지 마세요. 북한의 20%는 하류층이 아니라 상류층

사람이지요. 하류층은 캄캄해서 잘 모르지요. 사회구조는 피라미드처럼 생겨서 아래 20%가 흔들리면 무너지겠지만 위 20%가 무너져 봐야 끄떡없지요. 엊그제 아프리카에서 외교관이 넘어왔다지만 그게 뭐 큰일입니까."

우리는 옛 조상들 이야기를 하며, 일제 치하에서 고생한 이야기로 밤늦게까지 담소를 나누었다. 내가 보기에 그들은 한없이 순진한 사람들이었다. 그들은 우리 사정을 잘 알고 있었다. 그 후 도쿄 이케가미에서 불고깃집을 하는 조총련 여선생님 강씨가 나를 초대했다. 일본에서 태어났으나 부모의 고향은 제주도라 했고, 그분 남편도 조선학교 교사로 일했다고 한다.

하루는 내게 평양 다녀온 이야기를 들려주었다. 아침에 쌀겨떡을 먹고 왔다는 제자에게 "내가 북송선을 타게 해서 미안하구나" 하고 말했더니 제자가 깜짝 놀라 항의 투로 이렇게 말했다고 한다.

"아닙니다. 왜 그런 말씀을 하십니까. 우리는 공화국 품안에서 잘 살고 있어요. 행복해요."

그 여선생님은 내게 제자가 정색을 하면서 하는 말에 눈물이 핑 돌았다고 했다. 영화 이야기도 했다. 고장 난 기계를 고치는 사람들이 영웅 칭호를 받게 된 내용의 영화라고 했다. 공장에 불이 나서 뛰어들어간 첫 번째 사람과 두 번째 사람은 희생되었는데도 어느 사람이 용감하게 세 번째로 들어가 수리에 성공하여 열렬한 환영 속에 영웅 칭호를 받았다는 이야기였다.

그 영화를 보고 다시는 평양에 가지 않았다고 한다. 그녀는 나를 오라버니로 부르겠다고 했다. 굶주리는 북한 인민에게 남쪽에서 쌀 좀 보내 주면 안 되느냐는 이야기도 했다. 내가 일본을 떠나기 직전에 조선학교 선생님들은 나의 귀국환송회를 준비하고 있었다. 그런데 갑자기 일이 생겼다. 일본을 방문하고 돌아가던 황장엽 선생이 중국에서 한국으로 망명했다. 긴장한 조선학교 선생님들이 환송회 취소를 통보해 왔다.

귀국 후 황 선생을 세 번 만난 적이 있다. 작고하시던 해 추석이 며칠 지난 후였다. 혼자 쓸쓸히 보내게 해서는 안 된다고 몇 분이 주선해 어느 대학 총장이 자리를 마련했다. 탈북 인사 몇 분도 동석했다. 그때 나는 1997년 초 일본에서 있었던 일을 꺼냈다.

"저는 황 선생님 때문에 조선학교 선생님들의 송별 만찬을 받지 못했습니다."

그때 당시 상황을 설명했더니 황 선생은 씩 웃으며 별 말씀이 없었다. 김일성대학 총장에 유일사상을 창시했던 노 철학자는 무표정했고 그의 손은 얼음장처럼 차가워 안타까웠다.

조총련 조선학교 여선생님을 한국에 초청하고 싶었지만 여의치 않았다. 그런데 갑자기 소식이 왔다. 워커힐에서 세계권투챔피언대회가 있어서 온다는 것이었다. 2001년 5월 31일 슈퍼플라이급 대회가 한국에서 열렸다. 조총련 동포 홍창수가 쉐라톤 워커힐 호텔 특설 링에 올랐다. 남북 대결이었다. 그들은 한국에서 세계권

투챔피언 방어에 성공하고 일본으로 돌아갔다. 나는 그녀에게 서울 시내 곳곳을 구경시켜 주고 싶었지만 단체관광이라 개인적 행동이 금지되었다고 했다.

잠실 롯데호텔에서 잠시 만났다. 나는 그녀가 좋아하는 시집 한 권을 선물했고 그녀로부터 스웨터를 받았다. 그녀가 본 서울은 김포공항에서 잠실까지 그리고 잠실에서 워커힐까지 왕복 코스가 전부였다. 조총련 동포들은 잠실 롯데호텔에서 자고 권투 응원만 하고 일본으로 돌아간 것이다.

일본 근무를 마치고 귀국길에 올랐을 때였다. 아내와 나는 짐을 한국으로 부치고 승용차를 여객선에 싣고 도쿄 항을 떠났다. 태평양으로 나와 규슈에 가서 일주일 간 승용차로 두루 여행을 하고 현해탄을 건너 부산으로 들어가는 일정이었다. 츠츠미 씨와 조총련 여선생님이 항구에 나와 '사요나라' 인사를 하며 손을 흔들어 주었다.

내가 대사관 사무실에 걸어 두었던 한국 들판을 그린 풍경화 한 점은 그녀 가게에 걸려 있다. 그 그림을 보면서 자신의 부모가 태어난 고향 산천을 그리워하고 있으리라. 남북이 통일되는 날, 나는 제일 먼저 그 여선생님을 한국으로 초청하리라 마음에 새겼다.

뭐 배울 것이 있겠어

국민일보는 특별취재반을 편성해 일본으로 건너가 보육원, 유치원, 초등학교 교육을 샅샅이 취재한 후 보도하고, 이를 묶어 《일본의 힘, 교육에서 나온다》라는 책을 발간하였다. 그런데 몇 년 후 일본에서 '학교 붕괴'라니, 이게 어찌된 일인가.

한국교육정책연구회 창립 1주년 기념 세미나가 2000년 4월 10일 서울에서 개최되었다. 《학교 붕괴》의 저자 가와카미 료이치(河上亮一) 선생을 초청하여 '일본의 학교 붕괴 원인과 처방'이라는 강연을 들었다. 《학교 붕괴》라는 책은 일본에서 40만 부 이상 판매되었고, 우리나라에서는 《변해 버린 아이들, 무너지는 학교》라는 제목으로 조선일보가 번역 출판한 바 있다.

가와카미 료이치 선생은 도쿄대학 경제학과를 졸업하고, 당시 사이타마 현에 있는 조낭중학교 사회과 교사로 근무하고 있었다.

일본 총리 자문기구인 교육개혁국민회의 위원으로도 활동한 바 있다. 일본 교육개혁의 밑뿌리는 일선 학교 현장의 목소리임을 실감케 했다. 한국교육신문은 가와카미 선생과 나의 대담 내용을 상세히 보도했다. '일본과 한국의 학교 붕괴' 라는 주제를 놓고 대담하고 이를 보도했다. 《학교 붕괴》의 저자와 《교육, 문제 많지만 대안도 있다》 저자와의 대담으로 소개되었다.

학교 붕괴에 대한 체감도에 차이가 있었다. 일본인은 우리보다 매사에 세심한 편이다. 작은 일에도 신경을 쓰면서 대책을 세운다. 일본 교육은 비교적 내진 설계와 브레이크 장치가 마련되어 있는 편이나 우리나라는 내진 설계도 허술한 데다 브레이크 장치도 제대로 작동되지 않는다.

내가 일본에서 3년간 근무하면서 일본 교육을 유심히 살펴보고 신문을 통해 본국에 전했다. 한국교육신문에 일본 교육에 관한 8편의 글을 시리즈로 올렸다. 〈사람 바뀌어도 변함없는 개혁 원칙〉, 〈교육 투자 없이 경제 발전 없다〉, 〈주 5일제 수업〉, 〈시쯔케, 엄격한 생활지도〉, 〈서열을 없앤 대학입시제도〉, 〈일본의 인성교육〉, 〈종합고등학교〉, 〈일본의 생애교육〉, 〈일본의 우수교원 확보 방안〉이었다.

일본은 '시쯔케' 라고 해서 인간으로서 갖추어야 할 기본 생활습관 지도를 철저히 한다. '남에게 폐를 끼쳐서는 안 된다' 는 것을 가장 큰 교육 덕목으로 삼고 있다. 일본에 거주할 때, 전철 안에서 아이들이 울고 보채면 부모가 중간에서 내려 아이들을 혼내 주는 모습을 자주 보았다. 추운 겨울에도 반바지를 입힌다. 자기 잠자리를 스스로 치우게 한다. 유치원에서 어린아이들이 집단적으로 청소하는 모습이 귀여웠다. 어릴 때부터 가정과 학교에서 인사하기, 차례 지키기, 청결하기, 폐 안 끼치기, 그리고 큰 목소리를 내어서는 안 된다. 지금도 일본에서는 버스나 전철 안에서 핸드폰을 쓰지 않는다.

도시나 농촌 할 것 없이 마츠리(祭)라고 해서 동네 축제를 일 년에 몇 차례 열기 위해 철저히 지도한다. 반복 연습을 통해 몸에 배게 한다. 이때 남녀노소 할 것 없이 동네 사람들이 한 곳에 모여 마을의 발전을 빌고 서로 인사를 나누며 협동과 단합을 다짐한다. 일본의 지역 사회는 그 자체가 하나의 커다란 학교요 교실이라는 느낌을 받았다.

우쯔노미야부인회, 신주쿠로타리클럽 초청으로 강연을 할 기회가 있었다. 강의 제목이 '이웃 나라 사람이 본 일본의 4대 불가사의'였다. 모두 재미있어 했다.

"첫째, 일본은 미신의 나라다. 그런데 세계 첨단 과학기술이 발달됐다."

"둘째, 일본인은 서양을 좋아한다. 그런데 기독교가 발을 붙이지 못한다."

"셋째, 일본인은 담배를 많이 피운다. 그런데 세계에서 최장수

국가이다.”

“넷째, 일본은 지진이 많은 나라다. 그런데 지진이 일어나지 않게 해 달라고 비는 신사를 못 봤다.”

강연을 듣고 다시 해 달라는 요청도 하고 노트에 적는 사람들도 있었다. 신사나 절에 가서 온갖 기원을 한다. 결혼, 건강, 취직, 교통사고 예방, 대학 합격을 기원하는 글을 종이에 써서 붙이면서 왜 지진 이야기는 안 하는지 이해할 수가 없었다. 분명한 것은 일본은 물질적으로는 서양을 받아들이면서 정신적으로는 일본 혼을 철저히 지킨다는 사실이다. 자신들의 정신을 잃지 않고 보존한다. 세상이 바뀌고 시대가 변해도 전통과 문화는 고이 간직한다. 그들은 옛것을 버리지 않는다. 우리가 보기에 별것도 아닌데 소중히 간직한다. 나는 그것이 무척 부러웠다.

일본 학부모들은 무조건 상급학교에 보내려고 하지 않는다. 자녀의 소질과 적성에 따라 대학 진학을 시키지만 대학 가지 않고 취업 준비를 하는 학생도 많다. 대학 가지 않는 것이 부끄러운 것도 아니고 인생의 낙오자라는 생각도 없는 것처럼 보였다.

일본의 힘은 신용이고 신용은 교육에서 나온다고 믿는다. 귀국을 몇 개월 남겨 둔 1996년 가을, 긴자에 있는 미쓰비시 백화점에서 이태리제 응접세트를 구입했다. 그런데 집에 와서 앉아 보니 발이 바닥에 닿지 않아 마음에 걸렸다. 일주일이나 사용해도 적응되지 않았다. 다른 것으로 바꾸거나 아니면 일주일 사용했으니 어느 정도 가구 값을 내야 할 것 같았다. 고민 끝에 일부 변상할 각오를 하고 백화점에 전화를 걸었다.

"그런 물건을 팔아 대단히 죄송합니다. 가지러 가겠습니다."

오히려 그들은 어찌할 바를 몰라 했다. 물건을 가지러 온다는 그날, 아내와 내가 외출했다가 10분 늦게 집에 도착했는데 현관문에 쪽지가 붙어 있었다.

"3시에 도착했는데 안 계셔서 돌아갑니다. 연락 주시면 곧 오겠습니다."

다음 날 물건을 가져갔고 돈도 전액 돌려받았다.

1997년 도쿄를 떠나오던 초봄이었다. 규슈 여행을 하고 현해탄을 건너 부산으로 들어갈 계획으로 도쿄 항에서 미야자키 가는 여객선을 탔다. 안내 책자를 보고 승용차를 타고 이곳저곳 구경을 했다. 그런데 첫날 간신히 찾아간 민박집이 허술하여 마음에 들지 않았다. 방안에 들어서자 반사형 전기난로가 눈에 띄었다. 그 난로는 1960년대 후반 한국에서 인기가 대단했던 일제 내셔널 제품으로 한국에서도 사라진 지 오래다. 선진국인 일본에 아직도 이런 고물이 남아 있다니…. 우리는 쭈뼛거렸다. 눈치를 챈 민박집 아주머니가 다가와서 말했다.

"이 부근에 호텔이 있는데 그곳으로 안내해 드릴까요?"

이게 무슨 말인가. 자기 집에 온 손님을 다른 집으로 안내하겠다니….

"아닙니다. 괜찮습니다. 이곳에 머무르겠습니다."

그러고 나서 그 난로를 다시 바라보았다. 그것은 낡은 집의 고물이 아니라 박물관의 보물처럼 느껴졌다. 밤새도록 바닷물이 출렁이는 소리도 클래식 음악 소리 같았다. 이튿날 아침 커튼을 열고 밖을 보니, 끝없는 태평양이 출렁이고 그 끝에서 태양이 솟아오르고 있었다.

운명의 이웃사촌

츠츠미 가쓰오(堤千恩)라는 분이 대사관으로 찾아왔다. 그는 일본 전 지역에 흩어져 있는 한국인 유골을 수습하여 본국으로 송환하는 운동을 벌이고 있었다. 1995년 나는 아내와 함께 선생의 초청을 받아 명승지 니코 부근에 있는 그의 별장을 찾아갔다. 그곳에는 '남북통일기원소'라는 문패가 걸려 있고 방안에 남북통일을 기원하는 제단이 있었다. 밖에는 넓은 정원이 있는데 한국에서나 볼 수 있는 둥근 큰 무덤이 있고 잔디가 잘 가꾸어져 있었다.

"이것이 누구의 무덤입니까?"

"징용으로 끌려왔다가 죽은 조선 사람의 무덤이지요."

실제 거기에 유골은 없고 상징적인 가묘였다. 어떻게 일본인이 그런 일을 할 수 있을까. 그는 한국의 분단을 가슴 아파하며 조총련과 민단 사람을 서로 만나게 하는 일을 추진하고 있었다. 하나의 한국, 소위 원 코리아(One Korea) 운동을 하고 있었다.

한번은 2차 세계대전 중 사망한 한국인을 위해 위령제를 지낸다고 해서 참가했다. 한국식으로 제물을 차리고 제사를 지냈다. 그들은 한국인이 아니라 일본인이었다. 한복을 입은 30여 명의 일본 여성들은 사죄하는 뜻으로 묘소 앞에서 무릎을 꿇고 절을 하면서 참회하고 있었다. 그들은 한국말도 못하지만 일제가 저지른 만행에 대해 잘 기억하고 있었다. 선생은 일본 문화는 먼 옛날 반도에서 건너온 것이라면서 자신도 조선반도에서 건너온 도래인(渡來人)의 후손이라고 했다. 일본 천황도 백제계라고 귀띔해 주었다.

내가 귀국한 후에도 츠츠미 선생은 한국을 자주 찾아왔다. 그는 일본의 스승이라면서 전남 왕인 묘소를 자주 찾곤 하였다. 나와 지방 여행도 했다. 동아일보와 인터뷰도 마련해 주었다. 선생은 항상 일본 군국주의를 비판했다. 대사관 근무를 마치고 떠나오던 날, 항구에 나와 배웅해 주었다.

나가노에 있는 지하 도시에 가보았다. 산속에 땅굴을 파서 만든 지하 벙커였다. 태평양전쟁이 한창일 때 미군기 폭격이 심해 천황을 피신시키기 위해 만든 지하 궁전이었는데 건설 중에 항복하는 바람에 포기했다. 그 땅굴 속에는 큰 광장과 회의장 그리고 숙박 시설이 갖추어져 있었다. 나는 가던 발걸음을 멈추었다. '배가 고프다'는 한글이 눈에 들어왔다. 다른 곳에 대구부(大邱府)라는 한자도 보였다.

일본 교원노조가 이 땅굴을 발견하여 폭로했다. 일제가 한국인을 징용으로 끌고 와서 강제노동을 시켰고, 이곳에서 수많은 사람이 목숨을 잃었다. 일제 만행을 잊지 말라고 일본 학생들의 체험학습 코스로 권하고 있다고 한다.

어느 봄날 황궁 옆에 벚꽃이 만발했다. 아내와 함께 도쿄 한국학교 김정규 교장 내외와 봄맞이를 나와 한국말로 얘기하며 길을 걸었다. 많은 사람들이 돗자리를 깔고 벚꽃놀이를 즐기고 있었다. 그런데 갑자기 한 청년이 자리에서 벌떡 일어나 우리를 향해 말했다.

"용서해 주세요. 일본이 한국을 식민지로 삼아 괴롭혔습니다. 사죄합니다."

자신을 은행원이라고 소개한 그는 계속 허리를 굽혔다. 선조들의 잘못을 용서해 달라고 비는 한 젊은이의 모습이 지금도 눈에 선하다.

나는 귀국 길에 규슈 중심에 있는 한국악(韓國岳)에 올라갔다. 일본어로 가라쿠니다케. 산 아래 약수터에 있는 주민들이 산 위에 오르면 한국이 보인다고 농담을 걸어왔다. '가라'는 '가야'와 같은 말이고 삼한(三韓) 시대의 한(韓)자를 그렇게 읽는다. 한국을 간고쿠라고도 하지만 가라쿠니라고도 한다.

규슈에는 우리나라 옛 조상의 얼을 엿볼 수 있는 유적과 보물이 곳곳에 있다. 가야와 백제의 숨결을 느꼈다. 임진왜란 때 도공으로

잡혀와 오늘의 화려한 일본 자기를 꽃피운 가고시마의 심수관 댁을 찾아갔다. 귀중한 자기 한 점을 선물받았다. 현해탄에 있는 두 개의 섬으로 이루어진 대마도(對馬島)를 일본인은 쓰시마라고 부른다. 이 말은 우리말 두 섬이 쓰시마로 변한 것이다.

일본 제국주의가 우리나라를 빼앗고 우리를 괴롭혔다. 그런 가운데도 일본인 중에는 식민지에 살고 있던 우리에게 일제가 저지른 죄를 사죄하며 봉사하는 사람이 있었고 지금도 많이 있다. 국경을 초월한 인류애를 보여 준 것이다.

나는 일본에 나라를 빼앗긴 식민시대에 태어나 가난과 고초를 겪으면서 자랐다. 이는 일본 제국주의 때문이었다. 그러나 약육강식의 정글에서 상대 탓만 한다고 해결될 문제는 아니다. 나는 제자들에게 주변 열강도 문제지만 이에 대처하지 못한 우리 자신에게 문제가 더 크다고 가르쳤다. 남을 원망하고 탓하기보다 자기 자신의 책임을 강조했다.

한 여론조사가 눈길을 끈다. 세 가지 질문을 했는데 가장 응답이 많은 것 하나만 뽑아 보았다.

"이 지구상에서 가장 본받을 나라가 어느 나라인가."

답은 일본이었다.

"가장 경계해야 할 나라는 어느 나라인가."

답은 또 일본이었다.

"가장 가까이 지내야 할 나라는 어느 나라인가."

마지막 답도 일본이었다.

'이웃사촌'이란 말이 있다. 태어날 때부터 운명적인 친척보다 우연히 만나 서로 돌보며 사는 이웃이 더 낫다는 말일 것이다.

한국과 일본, 우연히 만난 이웃사촌이 아니다. 운명적인 이웃사촌이다. 태곳적엔 하나로 붙어 있던 육지가 지각 변동으로 찢어지고 튕겨져 나갔다. 그곳에 깊은 상처가 생겼고 틈새가 벌어져 서로 싸웠지만 서로를 그리워했다. 한반도에 봄이 오면 일본 열도에도 봄이다. 해와 달도 함께 뜨고 진다. 같은 시간에 일어나고 잠자는 일일 생활권이다.

해와 달이 아무리 밝더라도 엎어 놓은 항아리의 밑은 비추지 못한다. 그늘진 역사에 햇빛이 비추도록 하자. 가깝고도 먼 나라를 가깝고도 가까운 나라로 만들어 가는 것이 역사의 순리요 명령이라고 생각한다. 그 어떤 이념도, 체제도 그리고 현해탄도 순수한 우리 인간의 마음을 갈라놓지 못했다. 나는 현해탄을 건너가 이를 확인했다.

제5부

인동초는 외롭지 않았다

짐 지고 출발

산토끼 똥을 구했더라면

방황하던 그 시절

부엉이 마을 추억

인동초는 외롭지 않았다

짐 지고 출발

나는 8남매 장남으로 태어났으나 6형제만 성장했다. 할아버지께서 병환으로 돌아가시자 열아홉 된 막내아들의 장가를 서두르셨다. 어머니는 열여덟에 막내며느리로 시집을 오셨다. 아버지의 5형제들은 농사일은 아예 모르고 사셨다. 곶감 빼먹듯 올해는 이 밭떼기, 내년에는 저 논떼기를 팔아치우는 식으로 사셨다고 한다. 어머니는 생전에 그때의 집안 형편이 밑 빠진 독에 물 붓기였다고 회상하셨다.

우리 선산에는 조선의 문신으로 청백리로 이름난 김신국(金藎國, 1572~1657년)의 묘소가 있다. 나는 그 할아버지 후손이다. 과거에 급제하여 평안도 관찰사, 호조판서 등을 지냈으며 병자호란 때 인조를 모시고 남한산성에 들어가 끝까지 싸울 것을 주장하였으나 용납되지 않았다. 1637년, 소현세자가 인질로 선양(瀋陽)으로 갈 때

모시고 갔다.

나는 둔마다. 그러나 어린 시절부터 뭔가 책임감과 의무감 속에서 산 것 같다. 누가 특별히 가르치거나 강요한 적은 없다. 내가 형으로서 그렇게 해야 한다고 느꼈을 뿐이다. 이것이 내 인생의 트라우마가 되었는지도 모른다. 어린이답지 못하고 늘 집안 걱정을 하고 있었다. 젊은 시절 아내와 의견 충돌이 있을 때면, 어머니는 며느리에게 "애비는 어렸을 때 고집이 세 혼나기도 많이 했지"라고 하셨다. 아내는 그 말에 위안을 받곤 했다. 그러나 실제는 그렇지 않았던 것 같다.

광복이 되자 압록강 수풍발전소에서 보내오는 전기가 끊겨 등잔불 밑에서 공부를 해야 했다. 책상이 없어 밥상을 펴놓고 공부했다. 졸다가 머리카락이 지지직 타는 소리에 깜짝 놀라 정신을 차리곤 했다. 어머니는 바느질품을 팔아 생계를 도왔다. 삯바느질을 하는 어머니 옆에서 나는 책을 읽었다. 겨울 밤, 공부하다가 창 밖에서 "메밀묵 사려~" 하면 어머니 허리춤을 잡아당기곤 했다.

어머니가 집안일을 할 때 동생을 돌보는 일은 나의 몫이었다. 나는 동생을 업고 밖으로 나오곤 했다. 동네 앞에는 냇물이 흐르고 뒤에는 야트막한 사직산이 있었다. 동생을 반은 걸리고 반은 업고 찾아간 곳은 사직산 과수원 옆에 있는 아카시 숲이었다. 아카시는 꽃향기가 진하고 서늘해서 그 숲에서 자주 놀았다.

한번은 책을 펴들고 한참 읽고 있는데 갑자기 천둥 번개가 치며

소나기가 쏟아졌다. 당황해서 어린 동생을 찾았으나 보이지 않았다. 울며불며 집으로 달려와 어머니께 알렸고, 어머니와 나는 정신없이 다시 산으로 올라가 동생을 찾았으나 눈에 띄지 않았다. 산 너머에는 큰 저수지가 있었는데 그리로 내려가는 흙길 한가운데가 소낙비에 깊이 패여 황토물이 콸콸 흐르고 있었다. 왼쪽 과수원 너머에는 공동묘지가 있었다.

저수지 쪽으로 한참을 달리다 보니 멀리 한 어린아이가 서 있는 것이 보였다. 동생이었다. 다행스럽게도 저수지 관리사무소에서 보호해 주었던 것이다. 눈물, 콧물, 빗물이 범벅된 채 울고 있는 동생을 안고 나도 울고 어머니도 울었다.

어린 시절부터 동생들은 나의 분신이었다. 열세 살 초등학교 6학년 때 전쟁이 터지고 피난 중에도 동생 셋은 내 감시 대상이었다. 그러던 중 1·4후퇴 당시 동생이 죽고 나는 어머니와 함께 그 아이를 언 땅에 묻고 돌아왔다. 그 한을 품고 살아야만 했다.

조지훈의 '빛을 찾아가는 길'이라는 시가 떠오른다. 내가 고등학교 시절부터 지금까지 우울할 때면 되뇌곤 하는 시다. 나는 이 시를 좋아했고, 이 시처럼 살려고 노력했다. 아이들에게도 그렇게 가르쳤다. 술 한 잔 하면 노래 대신 이 시를 읊기도 했다. 첫 구절 "사슴이랑 이리 함께 산길을 가며~"로 시작하면 마음이 가라앉았고, "해바라기 닮아가는 내 눈동자는~" 하고 읊으면 힘이 났다. "돌부리 가시밭에 다친 발길이 아물어 꽃잎에 스치는 날은 꽃나무에 열리는 과일을 따며 춤과 노래로 가꾸어 보자"에 들어가면 용기가 솟았다. "빛을 찾아가는 길의 나의 노래는 슬픈 구름 걷어가는 바람이 되라"는 끝 구절은 젊은 날 나의 간절한 소망이었다.

젊은 시절 "쉬운 길, 편안한 길로 가는 사람은 성공의 묘미를 못 느낀다. 어려움 없이 성취되는 것은 하나도 없다"고 한 노만 V. 필의 이야기를 들으며 가시덤불을 헤쳐 나왔다.

산토끼 똥을 구했더라면

몇 년 전, 미국 옐로스톤 국립공원을 여행할 기회가 있었다. 일찍이 미국으로 이민 간 친구의 동생이며 충주사범학교 후배인 정경수 씨의 초청으로 세 가족 내외 여섯 명이 캠핑카를 타고 콜로라도 고원지대를 신나게 달리고 있었다. 두어 시간을 달려도 사람 사는 마을 하나 없는 황량한 벌판이었다. 갑자기 길가에 우뚝 솟은 표지판을 발견하고 차를 멈췄다. 놀랍게도 그 표지판에는 한반도 지도가 그려져 있었다.

한반도 중간 허리에 38선이 있고 '잊혀진 전쟁'이란 뜻의 'The Forgotten War' 영어 대문자가 우리 눈길을 끌었다. 38선을 그어 놓고 '1950. 6. 25~1953. 7. 27'이라는 전쟁이 일어난 날짜와 끝난 날짜도 눈에 들어왔다. 누가 이런 푯말을 이역만리 미국 땅 이 벌판에 세워 놓았을까. 누구 보라고 세운 푯말인가. 한반도 지도를 알아보는 미국인이 과연 몇이나 될까. 한국계 미국 시민을 생각했다면 로스앤젤레스의 잘 알려진 거리를 택했을 텐데, 왜 하필 외딴 벌판인 이곳에 세워 놓았을까.

콜로라도 허허벌판에 세워 놓은 한국전쟁을 알리는 표지판을 바라보면서 우리 궁금증은 꼬리를 이었다. 소리 없는 푯말의 외침에 우리는 큰 충격을 받았다. 나는 그 소리를 가슴으로 들었다. 한 맺힌 누군가가 푯말을 세웠을 것이다. 어떻게 우리는 이 낯선 미국 땅에 와서 6 · 25전쟁을 잊지 말라는 경고를 듣는가 생각하니 더욱 마음이 숙연해졌다. 한참 뒤 내 이야기를 들은 아들이 "그곳의 콜로라도 푯말이 북위 38선이 지나는 곳이 아닐까요?"라고 물어 세계지리부도에서 미국 지도를 찾아 보니 아들 말이 맞았다.

그동안 잊고 있던 누이동생이 떠올랐다. 6 · 25전쟁이 일어나던 해, 나는 초등학교 6학년이었다. 1 · 4후퇴 때 아버지는 나라의 부름을 받아 전쟁터로 가시고 어머니는 어린 자식 넷을 데리고 엄동설한에 피란길에 올랐다.

나는 열세 살, 내 아래로 아홉 살, 일곱 살 남동생과 네 살 난 어린

여동생이 있었다. 눈 쌓인 산을 넘고 얼어붙은 강을 건너 우리는 남쪽을 향해 자꾸만 걸어갔다. 신작로는 피란민 물결로 가득 찼다. 손잡고 가던 동생을 잃고 울며불며 찾아 헤매기도 했다. 누가 피란 가라고 한 사람도 없고 누가 오라고 해서 집을 나선 것도 아니었다. 남쪽으로 가야 살 수 있다는 막연한 생각으로 너도나도 집을 떠난 것이다.

해가 저물면 아무 데나 빈집에 들어가 하룻밤을 지냈다. 눈을 뜨면 어머니가 솜을 넣어 누벼서 만든 겉옷을 입고 까만 고무신을 끌고 또다시 걷기를 계속했다. 발은 얼어 부풀어 올랐고 손은 동상으로 터져 있었다.

그러나 그런 것은 아무것도 아니었다. 괴산군 칠성면 어느 한옥집에서 네 살짜리 누이동생이 홍역에 걸려 며칠을 시름시름 앓다가 그만 숨을 거두었다. 눈보라가 휘몰아치는 대한 추위 날, 서른넷 젊은 엄마와 열세 살 된 나는 양지바른 야산을 찾아 언 땅을 파고 누이동생을 묻었다. 병원 한 번 가보지도 못하고 약 한 첩 써보지도 못했다. 물 한 모금 떠넣어 준 것이 고작이었다. 어머니는 산토끼 똥이 홍역에 좋다고 했지만 나는 그것을 구해 오지 못했다. 눈 덮인 산을 헤매며 산토끼가 산신령처럼 나타나 주기를 간절히 빌었건만 허사였다.

그때 산토끼 똥을 구해 왔더라면 누이동생은 살았을지도 모른다. 누이동생을 업고 밖에 나가 말을 안 듣는다고 야단을 치면 새파랗게 질린 얼굴로 울음을 터뜨리곤 했다. 여동생은 오빠에게 아양을 떨거나 어리광 한번 부려 보지도 못하고 그만 우리 곁을 떠나 하늘나라로 갔다. 그 누이동생이 살아 있다면 위로 오빠가 셋, 아래로도 남동생이 셋이니 공주 노릇하며 사랑을 독차지했으리라.

어머니는 살아생전에 누이동생 이야기를 한 번도 꺼내지 않았다. 어머니는 지혜롭고 현명한 분이었다. 약 하나 입에 넣어 보지 못하고 숨을 거두는 자식을 바라보는 어머니 마음이 어떠했을까. 남아 선호사상이 지배하던 시절, 어머니는 주위로부터 아들 부자라는 말을 듣고 살았지만, 불행한 분이었다. 무뚝뚝한 사내아이들이라 어머니를 제대로 도와 드리거나 위로해 드릴 줄도 몰랐다. 어머니는 중풍으로 쓰러져 십 년 이상 고생하다가 돌아가셨다. 하나뿐인 딸자식을 피란길에 잃지 않았다면 그렇게 외롭게 지내시지는 않았을 것이다.

한 달간 미국 여행을 마치고 돌아와서 나는 그동안 잊고 있던 누이동생이 묻힌 곳을 찾아갔다. 그곳에 지금은 칠성댐이 생겨 삼막골 파란 호수가 넘실대고 있었다. 내 고향 충주에서 승용차로 기껏 한 시간도 안 되는 가까운 거리인데, 태평양을 건너 미국 땅을 구석구석 돌고 와서야 이곳을 찾은 것이다. 그것도 반세기, 오십 년이란 세월이 지나서. 그 옛날엔 그렇게도 멀고 먼 험한 길이었는데, 지금은 지척이었다. 남쪽에는 옛날과 마찬가지로 시커먼 높은 산이 그대로 버티고 있었다. 그 산을 넘으면 경상도라 했고 피란길에 그 산을 넘기 위해 여기까지 왔었다.

열세 살 적 내가 누이동생을 묻은 그 야산을 찾아갔으나 묻힌 장소를 정확히 알 수가 없었다. 해마다 봄이면 뻐꾸기가 찾아오고 가을이면 기러기가 찾아오는 마을 동산인데도. 봄과 여름, 그리고 가을 가고 눈보라치는 겨울이 오기를 오십 해가 더 흘렀건만 그동안 동생을 찾는 이는 아무도 없었다.

"오라버니는 어디서 뭘 하다가 이제야 왔어요?"

누이동생이 백발이 된 나에게 묻고 있었다.

"누이야, 정말 미안하다."

더 이상 할 말이 없었다.

방황하던 그 시절

충주사범 2학년 재학 중에 있었던 일이다. 1955년 11월 하순, 눈은 내리지 않았지만 을씨년스런 초겨울 날씨였다. 2교시가 끝난 후 사친회비를 내지 않은 학생들은 운동장에 전부 모이라는 연락을 받고 풀죽은 아이들이 교실에서 걸어 나왔다.

"오늘까지 사친회비를 내지 않으면 내일부터 시작되는 학년말 시험을 못 보니 그리 알고, 지금 집에 가서 사친회비를 갖다 내라"는 최후통첩을 받고 우리는 집을 향해 무거운 발걸음을 옮겼다. 그때 3학년 학생들은 교육 실습 중이라 학교에 없었고, 우리 2학년과 1학년, 그리고 병설중학교 학생들만 교내에 있었다.

나는 사친회비를 내지 못한 학생들에게 나를 따라오라고 말하고 앞장서서 한없이 걸어갔다. 논둑 밭둑을 걸어 찾아간 곳은 교현국민학교 옆 벼를 베고 난 논바닥이었다. 그날 그곳에서는 민주당

충주지구당 창당대회가 열리고 있었다. 자유당 정권이 사사오입 개헌을 통과시켜 민심이 뒤숭숭하던 때에 독재정권과 싸워야 한다며 신익희 선생을 필두로 많은 분들이 민주당을 창당 중에 있었다. 사복형사들이 길에 쫙 깔려 시민들의 민주당 대회 참석을 공공연히 막고 있었기 때문에 당원 외의 민간인들은 그곳에 별반 없었다. 민주당은 논바닥에 빈 드럼통을 여러 개 세우고 합판을 깔아 임시 연단을 만들어 놓고 당 대회를 하고 있었다. 당시 경찰들은 어린 학생들이 설마 그런 곳에 가리라고는 생각을 못했던 것이다. 나는 같이 간 학생들을 연단 바로 앞줄에 정돈시켜 앉혔다.

단상에는 해공 신익희 선생, 유석 조병옥 박사, 운석 장면 박사, 그리고 백남훈 씨, 박순천 의원, 조재천 의원, 이민우 의원, 신정호 의원 등이 차례로 자리를 잡았다. 학생들만 모아놓고 지구당 창당대회를 하는 모양새였다. 서슬 퍼런 경찰들도 그 안에 들어와서 우리를 끌어내지는 못했지만, 가만히 있을 리가 없었다. 경찰의 연락을 받은 학교에서 선생님들이 여러 분 오셨다. 박광성 선생님이 나를 설득했다. "진성아, 이제 그만 학교로 돌아가자" 하셨지만, 나는 이를 뿌리치고 그곳을 지키다가 창당대회가 끝나고 나서야 다른 학생들과 함께 자리를 떴다.

이튿날 우리는 교련 선생님에게 불려가 몽둥이찜질을 당했다. 나는 주동자 취급을 받아 곤혹을 치렀지만 민주당과 학부모의 항의가 있었고, 특히 박광성 선생님의 노력으로 간신히 퇴학은 면할 수 있었다. 박 선생님은 전국검도대회에서 일등을 하고 경찰서 검도 사범으로 봉사하고 있던 참이었다.

그 얼마 뒤인 12월 10일 세계인권선언일을 기념해 충주검찰지청 주최로 열린 인권옹호 웅변대회에 참가했다. 우승을 하고 검찰지청장상을 받았다. 학교에서 학생이 몽둥이세례를 받는 것이야말로 인권 유린이라고 목청을 돋웠다.

나는 "학생회 회장은 학생 대표인데 왜 학교가 임명하느냐"고 항의했다. 학생들이 직선해야 한다고 강력히 요구해 드디어 관철시켰다. 학생회장 선거가 치러졌다. 요샛말로 선거 유세를 한 뒤 전교생이 투표에 참가했는데 내가 압도적으로 당선되었다. 선거 때 청주사범학교와 일 년에 두 번, 봄가을에 친선 구기대회를 개최하겠다는 공약을 했다.

1956년 봄, 충주사범학교는 축구, 배구, 농구, 정구, 탁구팀을 만들어 청주사범학교로 원정을 갔다. 충북선 기차를 타고 가는데 기차 안에서 청주사범학교 교지 학생 기자를 만났다. 난생처음 기자회견을 하고 나니 어깨가 으쓱하였다.

청주역에 내렸다. 당시 청주역은 북문로3가에 있었는데, 그곳에서 청주사범학교는 꽤 먼 거리였다. 걸어서 갔다. 청주사범학교(현 청주교육대학) 정문을 들어서니 악대가 나와 우리를 맞이해 주었다. 충주사범 선수단 앞에 서서 보무당당히 걸어 들어갔다.

당시는 관제 데모가 많았다. 툭하면 시민과 학생이 한 곳에 모여

궐기대회를 하고 시가행진을 했다. 중학교 때는 휴전 반대 시가행진과 대회가 주일마다 계속되었다. 우리는 항상 동원의 대상이었지 행사 주체가 되지 못했다. 나는 6 · 25행사 때 학생 대표로 연단에 올라가 마이크를 잡고 연설을 했다. 내가 강력히 요청해서 관철시킨 것이다. 난생처음 대중 연설인데다가 나를 바라보는 시민, 학생의 눈빛에 얼굴이 확 달아올랐다. 북한 만행을 규탄하는 외침소리에 박수가 터져 나왔다.

어릴 때부터 선생님이 되겠다는 꿈을 가진 것은 아니었다. 당시 시골에는 가난한 수재들이 사범학교에 몰려들었다. 사범학교는 학비가 크게 들지 않았다. 나는 고교 시절부터 장차 정치인이 되겠다는 꿈을 키우고 있었다. 국회의원이 멋져 보였다. 식사 한 끼를 거른 적은 있어도 하루라도 신문 보기를 건너뛰는 일은 없었다. 동아일보 '단상단하'는 하루도 거르지 않고 읽었을 것이다. 국회의원 이름을 반쯤은 외고 있었다.

시사 문제에도 관심이 많았다. 특활시간에는 시사반 반장으로 '대만은 장차 어디로 갈 것인가'와 같은 주제로 토론을 벌였다. 라디오 방송국 아나운서 흉내를 내고, 다그 함마슐드 같은 유엔 사무총장이 되겠다며 떠벌리고 다녔다.

졸업이 가까워오자 고민이 깊어졌다. 대학 진학 공부도 제대로 못했고 교육 실습 역시 점수가 바닥이었다. 전체 일등을 하던 성적이 추풍낙엽이 되어 이십 등 밖으로 밀려났다. 첫 발령지는 시내에서 시외버스로 사십 리를 가서 다시 이십 리를 걸어 들어가야 하는 산골 학교였다. 그래도 후회는 하지 않았다.

그 무렵 걸핏하면 서울에 올라갔다. 방황을 했다. 서울운동장 건너편 을지로6가에 있던 경기여객이나 중앙여객터미널에 내렸다. 서울에 가면 모든 것이 해결될 것 같았다. '비바람을 막아 줄 방 한 칸만 있어도 대학에 다닐 수 있을 텐데'라는 생각을 했다. 버스를 타고 왕십리를 지날 때 산꼭대기에 빨래 널어놓은 판잣집들이 보였다. 그곳에 사는 사람이 부러웠다. 당시 내가 받는 월급은 쌀 두 가마니 살 수 있는 돈도 안 되었다. 쥐꼬리 월급에서 친구 만나기 위한 다방 커피 값, 우표 값, 버스비 빼고는 어머니께 꼬박꼬박 다 갖다 드렸다.

어머니는 아들 대학 입학금을 마련한다면서 그 어려운 살림 형편에도 계를 들었다. 곗돈을 타서 그 이자로 월부금을 부어 준다 해서 맡겼는데 계주가 야반도주하였다. 앞이 캄캄했다. 상경해서 계주를 찾아 헤맸다. 계주는 교육열이 남달리 높았다. 아이를 서울 종로에 있는 모 학교로 전학시켰을 것이라는 내 예측은 적중했다. 그 학교를 찾아가 아이를 발견하고 뒤를 밟아 마침내 보문동에 숨어 살고 있는 계주를 잡았다. 그러나 돈은 한 푼도 받지 못했다.

대학 진학을 포기했다. 모든 것이 운명이었다. 그러나 내 꿈을 포기할 수는 없었다. 이 세상에 노력하면 안 될 리가 없다고 생각하고 독학으로 내 뜻을 펴보리라 결심했다. 정치인이 되려면 지지

기반이 확고해야 한다. 우선 고등고시 사법과에 합격해 판사를 거쳐 변호사가 되겠다고 마음먹었다. 그러나 현실은 냉혹했다. 직장생활을 하면서 책 읽는 시간을 확보한다는 것도 쉬운 일이 아니고, 책을 읽는다고 공부가 되는 것도 아니었다. 이해가 되지 않는 것을 누구에게 물어볼 데도 없었다. 마음만 성급했지 능률이 오르지 않았다. 분교장을 자원해서 더 깊은 산골로 들어갔다. 교사 두 명에 학생은 이십 명인데 시간을 만들었지만 집 걱정이 나를 놓아주지 않았다.

고민만 깊어 갔다. 고향이 나를 버렸다고 마음속으로 많이 울었다. 고향집을 가려면 달래강을 건너야 했다. 강 건너기 전에 멀리 대림산 너머 월악산 주봉인 영봉이 얼굴을 내밀었다. 그리고 가까이는 계명산이 다가왔다. 그럴 때면 가슴이 덜컹 내려앉았다. 그래도 공휴일이 되면 집이 궁금해서 버스에 몸을 싣곤 했다. 그때마다 꼭 성공해서 고향에 나타나리라는 마음을 다잡곤 했다.

부엉이 마을 추억

5·16혁명 후 청주 변두리에 있는 재직 학교에서 밀려났다. 내 나이 스물넷 때의 일이다. 기실 속마음으론 교직에 큰 미련이 없었지만, 당장 호구지책이 문제였다.

나야 무엇을 하든 어떻게 되겠지만 부모님과 어린 동생들이 걱정이었다. 하지만 뾰족한 방법이 없었다. 중학교 때 나와 1, 2등을 다투던 한 친구가 서울법대에 들어가더니 고등고시에 합격해 나를 찾아왔을 때는 정말 미칠 것만 같았다.

그때 내 사정을 잘 아는 김병환 친구가 나를 불렀다. 친구는 충북 영동군 양산면 가선리에 있는 양산국민학교 분교장이었다. 분교장이라고는 하지만 별도의 학교 건물도 없이 동네 이장 댁 사랑방을 빌려 쓰고 있었다. 교사도 병환 친구 달랑 한 명이고, 학생은 1학년과 2학년을 합쳐 열한 명이 복식수업을 하고 있었다. 친구는 너나 나나 대학 갈 형편이 안 되니 여기서 함께 독학으로 공부해 보자고 말했다.

친구는 일부러 산골 분교를 근무지로 정해 놓고 나를 부른 것이다. 친구의 제의가 반갑고 고마웠다. 나는 그곳에서 결판을 내리라 마음을 굳게 다잡고 눌러앉았다. 집 걱정은 당분간 잊기로 했다. 친구 아버지가 그곳 세무서에 다녔지만 박봉이었고 병환이가 받는 교사 봉급도 뻔했다. 우리 집은 6형제지만 그 친구는 8남매나 되었다. 어려운 상황에서 친구가 나에게 그런 호의를 베푼 것은 친구 부모님의 배려가 있었기에 가능했다. 그곳에서 책을 읽으며 보낸 3년 세월은 나에게 평생 잊을 수 없는 소중한 시간이었다.

나는 지금도 가끔 꿈속에서 가선리(加仙里)에 가곤 한다. 뒤에는 월룡산(月龍山)이 자리잡고 앞에는 강물이 굽이쳐 흐르는 경치가 절경이었다. 지금도 눈을 감으면 그 길이 선명하게 그려진다. 영동읍에서 버스를 타면 양산 면소재지가 종점이다. 거기서 다시 가선리까지는 걸어서 두 시간 거리. 강물을 따라 걷다보면 건너편 산마루에 정자가 보이는데, 그곳이 '양산 8경'의 하나인 강선대다. 왼편의 깎아지른 높은 산에는 기암괴석이 금방 떨어질 듯하여 간담이 서늘했다. 산에서 흘러내리는 맑은 물을 손바닥에 담아 목을 축이곤 했다. 이십 리 길을 걸어도 오고가는 차는 한 대도 볼 수 없고, 지나가는 길손도 드물었다. 가선리는 그만큼 깊은 산골 마을이었다.

산골 처녀들은 모두 댕기머리를 하고 있었는데, 그 모습이 내겐 낯설기만 했다. 남자애들은 강에 나가 물고기를 잡았다. 물안경을 끼고 깊이 들어가 작살로 물고기를 낚아 올리는 것이 신기했다. 그렇게 잡은 쏘가리회 맛은 일미였다. 그물을 쳐서 잡은 물고기로 어죽을 끓여 강가에서 술 한 잔 하면 천하가 다 내 것 같았다. 우리는 가끔 다슬기를 잡으러 가기도 하고 송이버섯을 따러 산에 오르기도 했다. 강가에는 늘 빈 나룻배가 누워 있었다. 나룻배 젓는 요령을 익혔다. 나룻배로 강을 건너면 산딸기, 산머루, 다래가 지천으로 탐스럽게 열려 있었다. 월룡산에 오르면 저 멀리 산들이 첩첩이 이어지는 사이로 무주 구천동에서 흘러오는 금강 줄기가 눈에 들어왔다.

가선리 마을에는 전기가 들어오지 않아 밤이면 남폿불 밑에서 책을 읽었다. 라디오가 있는 집이 한 집도 없었다. 얼마 후 이장 집으로 가선리 자매학교인 서울 대동상고에서 금성라디오를 보내왔다. 밤이면 동네 사람들이 라디오를 들으려고 이장 댁에 모여들곤 했다. 아마 마을이 생긴 이래 가장 놀라운 문명의 혜택이었을 것이다.

어느 해 심한 가뭄이 들어 땅을 파서 물길을 내느라 온 동네가 야단이었다. 방안에 들어앉아 공부만 한다는 것이 참으로 민망했다. 그때 갑자기 큰비가 내려 온 동네가 축제 분위기가 되었다. 친구와 같이 일손이 부족한 논에 나가 난생처음 모를 심었다. 집에 돌아와서 보니 손톱 양 옆 피부가 찢어져 피가 흘렀다. 가을철이 되면 동네사람들이 싸리버섯이나 송이버섯을 따서 '공부하는 선생님 좀 먹어 보라'며 들고 오기도 했다.

내가 머물던 하숙집은 가선분교 후원회장 댁으로 집주인은 교육열이 높은 이 마을 유지였다. 우리에게 극진히 잘해 주었다. 세끼 더운밥을 꼭 차려 주었고, 계란도 밥상에 자주 올라왔다. 거의 매일 찐고구마가 나왔는데, 얼마 지나니 물려서 먹을 수가 없었다. 그냥 상을 내놓자니 성의를 무시하는 것 같아 주인 몰래 하숙집에서 기르는 개(메리)에게 던져 주었다. 메리는 사랑채에 밥상이 들어오는 것을 보면 사랑방 문 옆으로 달려왔다. 문을 열면 영락없이 메리가 와 있었다. 바람 쐬러 밖으로 나갈 때면 메리가 꼭 따라나섰다. 메리를 데리고 산길과 강변을 돌아다니며 외로움을 달래곤 했다.

가끔 친구와 함께 강가에 나가 아무도 밟지 않은 강모래에 발자국을 내며 한참을 걸을 때도 있었다. 소리를 지르면 메아리가 되어 되돌아왔다. 산과 강을 향해 노래도 불렀다. 나의 십팔번은 '바위고개'와 '고향생각'이었다. 바람 없는 조용한 날이면 멀리서 기적 소리가 희미하게 들려오곤 했다. 그럴 때는 그곳을 뛰쳐나가고 싶은 충동이 솟구치기도 했다. 밤이 되면 부엉이가 하염없이 울었다.

그 해 어느 여름날 달 밝은 밤에 양산국민학교에 근무하는 두 여선생님이 우리를 찾아왔다. 뜻밖이었다. 두 분은 사범학교를 졸업

하고 학교 부근에서 자취를 하고 있었는데, 전에 한번 인사를 나눈 적이 있다. 젊은 여인들이 인적도 없는 밤중에 산길 이십여 리를 어떻게 걸어왔을까. 반갑고 고마웠다. 전부터 두 여선생님 중에 누구는 병환이를 좋아하고, 누구는 나를 좋아한다는 눈치를 채고는 있었지만, 지금 우리가 그럴 때인가 싶어 애써 외면했다.

옥수수차를 마시고 밖으로 나와 달밤을 함께 걸었다. 우스갯소리도 하고 학교 생활 이야기도 나눴다. 나는 단테의《신곡》이야기를 했던 것 같다. 베아트리체에 대한 정신적 사랑이 어쩌고저쩌고 했을 것이다. 왜냐하면 내가 그때까지 주워들은 이야기는 고작 그것뿐이었으니까. 사실 그런 이야기는 분위기 깨는 이야기인데 말이다. 한마디로 주책이었다.

나를 좋아한다는 여선생의 손목 한번 잡아보지 못했다. 그날 밤, 이십 리 산길을 따라 여선생님들을 바래다주었다. 밝은 달빛 아래 강물 소리를 들으며 걸었다. 그날도 부엉이는 밤새 울었다. 왕복 사십 리 길을 걸어 돌아와 보니 새벽닭이 울었다. 외로워서 찾아온 여인을 그렇게 보내고 돌아오니 갑자기 두 배로 더 외로움이 느껴졌다.

사실은 내가 좋아하는 여선생님은 따로 있었다. 청주에 있을 때 친구의 소개로 알게 된 부산 어느 초등학교 여선생님이었다. 그녀와는 편지를 주고받고 있었다. 한 번도 만나보지 못했고 사진 교환도 없었지만, 그녀가 보내온 편지를 읽는 것이 내게는 큰 위안이고 기쁨이었다. 3년 가까이 수십 통의 편지가 오고갔다. 그녀는 가끔 드롭프스 사탕이 담긴 양철통을 산골로 보내 주곤 했다.

그러던 어느 날, 집에서 누구를 한번 만나보라는 편지를 보내왔다. 책이 눈에 들어오지 않았다. 부산으로 달려갔다. 광복동 뉴욕제과에서 그 여선생님을 처음 대면했다. 얼마나 만나보고 싶은 여인이었던가.

부산이 초행길이었던 나는 그녀와 함께 광안리 해수욕장을 걸었고 동래온천 마을도 둘러보았다. 동백섬을 돌아 해운대 백사장을 함께 걸었다. 한가한 가을 바닷가에 마주 앉아 밀려오는 파도소리를 들으며 우리는 지나온 이야기를 나눴다. 그녀는 조그마한 손으로 모래 위에 글씨를 써 보였다.

"선생님, 저는 선생님께 기대하고 있는데, 선생님은 너무 인색하십니다."

무슨 뜻인지는 알겠지만 어떻게 해야 할지 몰랐다. 어떤 약속도 할 수가 없었다. 고작 내가 한 말은 멋쩍은 말 한마디뿐이었다.

"내 뜻이 이뤄질 때까지는 아무 생각도 하지 않기로 했습니다."

한번 꼭 안아보고 싶은 마음이 용솟음쳤지만 참고 또 참았다. 그녀에게 더 이상 마음의 상처를 주어서는 안 된다는 생각이었다. 해운대 바다에는 갈매기가 날고, 어디선가 구슬픈 색소폰 소리가 들려왔다. 나는 홀로 쓸쓸히 여관으로 돌아왔다.

이튿날 그녀가 직접 만든 도시락을 들고 부산역으로 나왔다. 그

무렵 부산역은 바닷가에 있었다. 기차가 출발하는데 스코틀랜드 민요 '올드 랭 사인'이 흘러나왔다. 창 밖에서 그녀가 손을 흔들고 있었다. 나도 창 밖을 내다보며 그녀에게 손을 흔들었다. 도시락 위에는 손수건 한 장과 편지가 놓여 있었다.

"선생님, 안녕히 가십시오. 그리고 꼭 뜻을 이루어 주세요."

눈물이 쏟아졌다. 도시락을 펼쳤는데 목이 메어 먹을 수가 없었다. 그리고 추풍령을 넘어왔다. 나는 가난뱅이였지만 그녀의 아버지는 경남 군청 소재지에서 양조장을 경영하는 부유한 집안의 막내딸이었다. 큰형부가 세무서장이라고도 했다. 산골로 돌아온 나는 한동안 마음을 잡지 못해 책이 눈에 들어오지 않았다.

가선리 부엉이 마을에서 보낸 그때의 3년이란 세월은 가늠할 수 없이 긴 시간이었다. 외지에서 들어온 젊은이에게 따뜻한 정을 베풀어 준 마을 사람들과 하숙집 식구들, 강가에 나갈 때면 내 뒤를 따라오던 메리, 그리고 달밤에 찾아왔던 여선생님, 멀리서 아름다운 글로 위로와 격려를 보내 준 문학소녀인 부산 여선생님, 남폿불 아래서 읽었던 수많은 책들…. 내 인생의 그리운 한 폭의 빛바랜 그림이다.

그 후 대학교 3년 수료의 학력을 인정하는 고등고시 예비시험에 합격해 사법고등고시 응시자격을 얻었다. 곧이어 사법고시 1차 시험에 합격했으나 마지막 2차 시험의 관문을 뚫지 못했다. 당시는 일 년에 이삼십 명 정도 합격자를 냈다. 무한정 친구 신세를 지면서 기약 없이 책과 씨름만 할 수 있는 형편이 아니었다.

서울로 올라와 교사 채용시험에 합격해 교직으로 되돌아왔다. 그 후 주경야독으로 대학과 대학원을 마치고 박사학위도 땄다. 하지만 부엉이 마을 가선리에서 은둔 생활을 하던 그때가 가장 소중하고 보람 있었던 시기였다. 나의 진짜 학력은 두메산골 부엉이 마을에 있는 '가선대학교'라고 내세우고 싶다.

인동초는 외롭지 않았다

나는 학연 · 지연이 약해 늘 고독했다. 그렇지만 인복은 있었다. 주위사람들로부터 인정을 받아 외롭지 않았다. 만나는 사람마다 나를 이끌어 주고 밀어주었다. 교직 생활에 회의를 품고 방황하는 나를 붙잡아 전문직으로 이끌어 준 이창갑 교육감, 파격적으로 교감을 거치지 않고 장학사를 장학관으로 승진시켜 중책을 맡겨 준 구본석 교육감이 생각난다. 장충동 국립극장에서 교원연수가 있었는데 전교조 교사들이 잠입하여 삐라를 뿌리고 집회를 방해한 사건이 발생했다. 미온적으로 대처했다고 청와대에서 불호령이 떨어졌을 때, 최열곤 교육감은 청와대에 들어가 "그 사람 없으면 일 못합니다" 하면서 나를 감싸주었다.

같이 근무한 적은 없지만 항상 나를 격려하고 뒷받침해 준 김상준 교육감과 오랫동안 고락을 함께한 이준해 교육감도 잊을 수 없다. 나를 발탁해 교육부에서 중책을 맡겨 준 정원식 장관을 비롯하여 내가 모신 다섯 분의 장관에게도 감사한다. 또 내 공직 생활에서 잊을 수 없는 분 중에 삼성그룹 윤종룡 전 부회장을 빼놓을 수 없다. 그가 아니었으면 일본에서의 한국어능력검정시험은 불가능했을 것이다.

나는 강하지는 못하지만 원칙을 지키며 살려고 노력했다. 나는 어느 누구에게도 할 말은 해 왔다. 그래서 때로는 박수를 받기도 했지만 오해를 받기도 했다. 장관을 제대로 보좌하는 것은 장관으로 하여금 나무 한 그루 한 그루보다 숲을 볼 수 있도록 돕는 것이라고 생각했다. "예, 예, 지당한 말씀입니다" 하고 윗사람 듣기 좋은 말만 하면서 살아가는 '지당 국장', '지당 장학관' 들이 우리나라 교육을 망치고 있다고 생각했던 것이다.

텔레비전 토론이나 신문 칼럼을 보고 격려해 준 동료 교장, 교사, 학부모들도 적지 않았다. 이들의 따뜻한 말 한마디로 나는 힘을 얻었다. 전보를 보내는 분도 있었다.

1989년 광화문 정부종합청사 교육부로 발령을 받은 얼마 후, 부근 식당에서 점심 식사를 마치고 옆에 있는 찻집에 들렀다. 50대 초반의 한복차림의 여인이 한방차를 끓이고 있었는데 갑자기, "김진성 선생님!" 하고 내 이름을 불렀다. 나는 초면에 깜짝 놀랐다. 엊저녁 심야토론에서 나를 봤다는 것이었다.

하루는 내가 사는 서울 강남구 역삼동의 작은 일식집에 들렀는데 거기서도 "며칠 전 텔레비전 토론에서 봤습니다"라고 했다. 그때 주문 외에 서비스를 많이 받았다.

언젠가 교직원들과 함께 거제도 여행을 갔었다. 부산에 있는 모 사립고등학교 교사들이 단체여행을 하고 있었다. 그 중 선생님 한 분이 내게 다가왔다. "선생님이 얼마전에 텔레비전에 나오셨지요?"라고 했다. 자기 학교 선생님들이 단체여행을 왔는데, 이곳에 와서도 의견충돌이 있어서 전교조 선생님들은 먼저 부산으로 돌아갔다고 했다. 그는 덧붙여서 전교조가 큰일이라고 했다. 어쨌든 전교조 때문에 내 얼굴이 팔렸던 모양이다. 기분이 나쁘지는 않았다. 나는 상사로부터 받는 칭찬보다 민초들의 관심이 용기를 주었다고 생각한다.

편지도 많이 받았다. 전혀 일면식도 없는 분들도 많았다. 교실 붕괴 이야기가 한창일 때 공로명 전 외무부장관과 단국대 정용석 교수로부터 전화를 받았다. 동아일보에 실린 '교권 추락과 인성교육'이라는 글을 잘 읽었다고 격려하면서 스크랩해 놓았다는 말도 덧붙였다.

1997년 어느 날, KBS TV 심야토론에 나간 적이 있다. '청소년 문화, 어떻게 할 것인가?' 프로그램을 보고 광주에 사는 임용훈 씨로부터 격려 전화가 왔다. 그분은 광주고속 배차실에 근무하면서 금연, 저축운동 등 청소년 선도활동을 하는 분이었다. 산에서 딴 과일과 약초를 고아 정제환을 만들어 학교 교장실로 찾아와 고맙다고 인사를 건네는 것이었다. 그 같은 시민의 격려에 머리 숙여 감사한다.

강원도 영월 석정고등학교에서 구정고등학교로 전학 온 이예진 학생의 이야기를 해야겠다. 초등학교 때부터 남달리 문화재에 관심을 갖고 영월에 있는 단종릉, 청령포 등지의 문화재 보호활동을 하면서 동강을 지켜 온 예쁜 소녀였다.

푸르덴셜생명보험회사가 주최하는 봉사활동 전국대회에서 최우수로 뽑혀 미국 시찰까지 다녀왔다. 그 소녀가 구정고등학교로 전학시켜 달라고 교육청에 떼를 써서 마침내 배정을 받아 왔다. 왜 구정고등학교를 희망했냐고 묻자, "교장 선생님이 좋아서요"라고 대답했다. 나를 신문이나 텔레비전, 잡지 등을 통해 잘 알고 있다고 했다. 그 후 이 학생은 봉사 실적을 인정받아 연세대 수시 입학에 합격했다.

2008년 5월, 세종문화회관 세종홀에서 내가 쓴 《전교조 증후군》 출판기념회가 열렸다. 연세대를 졸업하고 모 신문사 기자가 된 제자에게 사회를 맡겼다. 이 기자는 자신을 소개하는 중에 봉사활동 선발대회 당시 대회장이 강영훈 총리였다면서 그 자리에 참석한 강 총리에게 다가가 인사를 해 박수를 받았다.

교육부 재직 중 즐거웠던 것은 시 · 도 장학지도를 나가는 일이었다. 전국 16개 시 · 도를 다 가보았다. 장학은 감사와 다르다. 각 시 · 도마다 특색이 있다. 도시뿐만 아니라 산간벽지나 섬마을도

가보고 좋은 것을 발굴해 전국에 전파했다. 잘못된 것은 대화를 통해 납득시켰다.

고교 교장으로 퇴임하자마자 여러 대학에서 나를 불렀다. 명지대 객원교수로 발령을 받았다. 홍익대, 서울여대, 강남대 강사로도 뛰어다녔다. 서울대, 교원대를 비롯하여 전국 시·도 교육청이나 교원연수원으로부터도 강사로 초빙되었다. 퇴직 후 나의 무대는 오히려 전국으로 확대되었다. 나의 강의나 토론은 구름 잡는 이야기가 아니라 현실감 넘치는 똑소리 나는 강의, 손에 잡히는 강의라는 평가를 받았다.

시민단체로부터 시민운동을 함께 하자는 제의가 많이 들어왔다. 내가 직접 나서서 '교육공동체시민연합'을 결성했다. 당연히 현직에 있을 때 못지않게 바쁜 시간을 보냈다.

김진홍 목사와 이동복 전 의원이 나를 초청해 전국적인 학부모회 조직의 가능성을 타진했다. 내가 시의원이 된 것도 시민단체 대표들이 추천해서 된 일이었다. 나는 교원 출신으로 서울시의원이 된 첫 케이스다. 의정활동을 통해 교육의 전문성이 무엇인지를 보여 주려고 노력했다. 본회의장에서 서울시장과 교육감을 대상으로 질문할 때마다 동료 의원들의 인사를 받았다. 김 의원은 국회로 가야 한다고들 했다. 덕담으로 하는 이야기지만 기분이 나쁘지 않았다.

하기야 서울시의원 공천 때 공천위원장이었던 홍준표 심사위원장은 발표 직전 "김 선생은 이곳에 잘못 왔습니다"라고 농담조로 말했다. 처음에는 그 말이 무슨 말인 줄 모르고 당황했으나 나중에 '국회 갈 사람인데'라는 말이구나 짐작하고 어쨌든 고마운 마음이 들었다.

동아일보 허문명 기자가 교육 문제에 대한 논설위원들과의 대화를 제의해 왔다. 나는 그 신문사 근처에서 점심 대접을 받으며 이야기를 나눴다. 허 기자 외에 황호택, 홍찬식, 정성희 논설위원과 몇몇 기자가 자리를 같이 했다. 나는 신문이 교사 때리기, 학교 두들기기를 해서는 안 된다고 말했다. 선생님을 닮고 싶어 하는 아이들의 마음을 헤아려 달라고 부탁했다.

한번은 광화문 전철 지하도에서 한 중년 여인의 인사를 받았다. 누구인지 몰라 신분을 확인했더니 서울시내 어느 여자중학교 교장 선생님이었다. 그 교장 선생님은 웃으면서 "김 교장 선생님을 모르면 교육계에서 간첩이지요"라고 말했다. 그날 온종일 기분이 좋았다. 추운 겨울에도 인동초는 결코 외롭지 않았다.

제6부

당신은 정치를 몰라

당신은 정치를 몰라

나는 그동안 정치권 유력 인사들과 교육 문제에 대해 많은 이야기를 나눴다. 2000년 3월 어느 날, 한나라당 이회창 총재는 현직 교장인 나를 플라자호텔에 초청하여 장시간 교육 문제에 대한 의견을 들었다. 대학교수 세 사람을 함께 초청했지만 주로 나와 이야기를 했다. 그것은 내가 남다른 교육 이론가라서가 아니라 현재 학교에 몸담고 있어 교육현장의 목소리를 듣고 싶었기 때문일 것이다.

이 총재는 2001년 9월, 내가 세종문화회관에서 출판기념회를 한다는 소식을 듣고는 참석해서 축사까지 해 주었다. 이때 이명박 씨를 비롯하여 많은 정치인이 참석해 성황을 이뤘다. 이회창 총재가 여름휴가를 떠나면서 나의 저서 《교육, 문제는 많지만 대안도 있다》를 챙겨 간다는 동아일보 가십 기사가 화제가 되기도 했다.

나는 또 한나라당 손학규 대선 예비후보와 유세 버스 안에서 두 시간 넘게 교육 문제를 놓고 토론을 벌이기도 했다. 그 내용이 인터넷 방송을 통해 전국으로 나갔다. 경기도 김문수 지사는 교육정책 세미나에 나를 초청하여 의견을 들었다. 청중이 많이 있을 것이라 추측하고 갔으나 김문수 지사 외에 좌승희 경기발전연구원장 등 세 사람만 있었다. 전문가 좌담인 셈이었다. 내가 '한국 교육의 위기와 대책'으로 주제 발표를 하고 두 사람이 토론자로 참석했다. 김 지사는 세 시간 자리를 뜨지 않고 진지하게 경청하고 꼼꼼히 질문을 했다.

서울시장직 인수위원회 인수위원으로 활동한 적이 있다. 이명박 시장은 그전에 나의 출판기념회에도 참석해 주었고, 시장 재직 중에는 강남 도산로에 있는 유인촌의 연극 전용극장 유씨어터와 세종문화회관에서 함께 공연을 관람하는 등 격의 없이 사담도 나누는 사이였다. 나는 대선이 끝난 후에 내심 이명박 대통령에게 줄 '교육정책 제안서'를 만들어 놓고 기다렸으나 불러주지 않아 헛수고였다. 뒤늦게 최측근에게 대통령과의 만남을 주선해 달라고 부탁했으나 헛일이었다.

나는 그동안 정치인들에게 많은 서신을 써서 보냈다. 장관들에게도 잔소리깨나 해댔다. 학교 교장으로 있으면서 여야를 가리지 않고 부르지도 않는데 찾아가 교육 문제 해결을 부탁했다. 정치인에게 보낸 서신이 수백 통은 될 것이다. 이명박 대통령과 임태희

대통령 실장, 윤진식 청와대 정책실장, 박근혜, 정몽준, 홍준표, 황우여, 이종구, 정두언, 유승민, 권영세, 진수희, 권영진 의원, 오세훈 시장, 박세일 이사장, 안병만 장관에게도 서신을 보냈다. 그러나 정치권에 보낸 편지는 몇 사람만 빼고는 먹통이었다.

서울시의원 시절, 하루는 어느 동료 의원이 찾아와 무엇인가 부탁하려는 눈치를 보이더니 그것을 접고 이렇게 말했다.

“김 의원님, 의원님께서 서울시장, 교육감에 대한 질문 훌륭했습니다. 그런데 의원님은 정치를 잘 모르는 것 같아요. 잘 부탁합니다.”

큰소리치던 그는 얼마 후 문제가 생겨 의원 옷을 벗었고, 많은 사람들이 그분 때문에 큰 고초를 겪었다. 그러나 ‘정치를 모른다’고 한 그의 말은 맞는 말이었다.

너무 맑은 물에서는 물고기가 살지 못한다. 정치는 구정물 튕기며 더러워도 무조건 끌어안고 뒹굴어야 한다. 속마음을 감추고 실속을 챙길 줄도 알아야 한다. 거래도 하고 허풍도 떨고 돈도 펑펑 쓸 줄 알아야 한다. 나는 고고한 인격을 가진 사람도 아니고 남이 주는 것을 무조건 거절하는 사람도 아니지만 한계가 있었다.

시의원 시절 교육문화위원회 소속이었다. 교문위 상임위원장에 출마했다. 선거운동은 치열했다. 위원장 후보가 내 의원실로 연달아 찾아오고 저녁에는 삼삼오오 모여 술파티를 한다는 이야기도 들려왔다.

그러나 나의 선거운동은 그들과 전혀 달랐다. 나를 알리는 방법으로 출판회를 열었다. 세종문화회관에서 《전교조 증후군》 출판기념회를 열었다. 강영훈, 현승종, 이회창, 정원식 전 총리가 참석했다. 김수환 전 국회의장과 김동길, 이동복 전 의원 등이 격려사를 해 주었다. 공정택 교육감, 신지호, 진수희, 임태희, 이시종 의원, 김허남 전 의원, 조완규, 김숙희, 이승훈 전 장관 등 저명인사들이 참석했다. 시의회 의장을 비롯하여 동료 의원들도 많이 참석했다. 행사를 진행하면서 내빈을 일일이 소개하지 않고 단지 이름만 호명했다. 애국가는 4절까지 다 부르게 했고, 끝나고 나서 기념 촬영은 하지 않았다.

나는 착각했다. 그날 출판기념회에 거물급 인사들이 많이 참석했기에 시의원들도 알아주리라 생각했는데, 그것은 오산이었다. 서울시의회 110명 의원 중에 유일한 교육계 출신이라 인정해 주리라 생각했는데 오판이었다. 상임위원장 선거에서 고배를 마셨다. 나는 역시 둔마였다. 교육자의 티를 벗지 못한 탓이었으리라.

1996년 8월 치러진 서울시 교육감 선거가 나에게는 절호의 기회였다. 그때 나는 주일 한국대사관에 근무하고 있었다. 어느 유력 정치인으로부터 나를 서울시 교육감으로 만들겠다는 메시지를 받고 좋다고 승낙했다. 그런데 지난날 나의 상사가 입후보 한다는 소식을 듣고 나 대신 그를 지지해 달라고 간청했다. 내가 양보하자 정치권이 손을 놓았다. 투표 결과는 13대 12로 당시 Y교육위원의 승리로 끝났다. 교육감 선거 무효소송이 서울고등법원에 제기되었다. 승소가 확실하니 모든 것을 정리하고 교육감 선거에 대비해야 한다고 서둘러 귀국하라는 주문이 빗발쳤다. 고민하다가 결국 귀국을 결심했다.

당시 교육자치법은 "교육위원은 교육위원회 회의 시에 본인 또는 직계 존비속과 직접 이해관계가 있는 안건에 관하여는 의사(議事)에 참여할 수 없다"고 규정하고 있었다. 이 규정은 누가 보아도 교육위원은 자기 자신을 교육감으로 뽑는 선거에 참여할 수 없다는 뜻이 아닌가.

사법부를 믿고 귀국했다. 그러나 대법원 재판 결과는 뜻밖이었다. "본인 또는 직계 존비속과 직접적인 이해관계가 있는 안건이라 함은 일신상의 문제나 경제적인 이해관계의 경우를 말한다"는 것이었다. 어떻게 이런 해석이 나올 수 있는가. 그때부터 사법부를 믿지 않는 못된 버릇이 생겼다. 교육감으로 뽑아 주겠다고 하는데도 양보를 하다니. '기회는 나는 새와 같다. 날기 전에 잡으라' 했는데 그만 기회를 놓친 것이다. 나는 둔마였고 바보였다.

그 뒤에도 기회가 있었다. 교육계 출신 정원식 전 총리가 나를 교육감으로 추대하겠다고 했을 때도, 문용린 전 장관이 교육감 후보를 양보하겠다고 했을 때도, 그리고 시민단체들이 지지 사인을 보내 왔을 때도 엉거주춤한 자세를 취했다. 그때 나는 강력한 권력 의지를 보여 주었어야 했다. 역시 나는 정치를 모르는 정치 감각이 둔한 존재였다.

내가 좋아하고 가까이 지낸 정치인들은 많다. 그분들과 만나 대화하면 부담이 없고 즐거웠다. 고교 시절 나의 꿈은 국회의원이 되는 것이었다. 여의도 진출을 시도해 보기도 했다. 기성 정당에 대해 실망한 나머지 박세일 교수와 함께 '국민생각'이라는 새 정당을 만들어 정계 진출을 시도했지만 실패했다. 한동안 그렇게 동경하던 여의도 국회의사당은 이제는 혐오 대상이 되었다.

리모델링으로는 안 돼

대한민국은 세계 최대 사교육 왕국이다. 우리나라 학부모들은 1년에 18조2,000억 원(2015년 기준)에 달하는 과외비를 지출하고 있다. 사교육비로 학부모의 허리가 휘고 있다. 전국적으로 사교육비가 공교육비를 넘보고 있다. 역대 정권은 사교육비 경감을 대선과 총선 공약으로 제시했다. 그러나 성공을 거둔 정부는 없었다.

나는 평소 사교육 문제에 대해 관심이 많았다. 1998년 서울대 행정대학원 국가정책과정에 다니면서 '고교생의 과외실태연구'라는 논문을 썼다. 논문을 쓰기 위해 고교생을 대상으로 몇 가지 조사를 했다.

'현재 과외를 몇 명이 하고 있겠느냐'고 물었더니 10명 중 8명이 과외를 하고 있을 것이라고 답했다. 그런데 실제 조사를 해 보니

10명 중 5명 정도였다. 과외 효과에 대해 학부모는 절대적으로 효과가 있다고 하는 데 비해 학생들은 그렇지 못했다. 서울대 사회과학연구소 발표에 의하면, 서울대 입학생 중 합격 이유가 과외 덕분이라고 응답한 학생은 30% 정도밖에 안 되었다.

고교 평준화 정책은 '입시 경쟁으로 인한 사교육비 경감과 교육의 정상화'가 목표였다. 그러나 과외는 줄지 않고 교육 정상화도 말뿐이었다. 과외가 가정경제를 옥죄자 대안이 쏟아졌으나 근본적인 대책이 되지 못했다. 과외 처방에 대해 생각해 보자.

"국, 영, 수가 문제죠. 국어, 영어, 수학 중심의 본고사를 폐지해야 합니다."

그러면 국, 영, 수 외 다른 교과 과외가 고개를 들고 나올 것이 뻔하지 않은가.

"과외 주범인 서울대를 없애면 되지 않나요?"

서울대를 없애면 제2, 제3의 대학이 서울대 노릇을 하지 않겠나.

"수능시험을 교과서 중심으로 쉽게 출제하면 됩니다."

시험 문제가 쉬워지면 혹시나 해서 상향 지원하게 되므로 문제가 많을 것이다.

"정규수업 시간을 늘리고 학교에서 보충수업을 해 주면 됩니다."

모두 공부를 더 하는 것은 모두 안 하는 것과 같기 때문에 경쟁사회에서는 영향이 없을 것이다.

"앞으로 대학 정원에 비해 입학 희망자가 적어지므로 저절로 해결될 것입니다."

입시 경쟁은 소수 일류 대학 때문에 생기는 것이다. 전국적으로 입학 정원을 늘리는 것과는 관계가 없을 것이다.

"정부가 강력한 '과외와의 전쟁' 선포로 과외를 근절시켜야 합니다."

지난 80년대 권위주의 정권 아래서도 성공을 거두지 못했다. 공부하는 것이 죄가 되는 나라가 어디 있는가. 대안이 될 수 없다.

과외 문제 해결을 위해 역대 정부는 별별 묘수를 다 써봤지만 정부가 의도하는 대로 풀린 경우가 거의 없다. 지식 암기 위주의 입시 교육을 심화시킨다 해서 탈교과로 여러 교과를 통합해서 출제하려 했다. 그래서 수능시험 체제를 도입하였으나, 그 결과는 학원 과외를 활성화시키는 결과를 가져왔다.

학생의 특기 적성교육을 키운다며 대학별 전형 기준이 기기묘묘하게 달라졌다. 이를 두고 대학의 자율이라고 홍보하고 있다. 밥상에 김치와 된장국은 정해 놓고 무슨 찬을 먹든 마음대로 하라 하면서 그것을 대학의 자율로 포장하고 있는 것이다. 과외 형태도 이에 맞게 다양하게 진화해 나갔다. 이미 과외는 영, 수, 국 중심의 '소품종 대량 과외'에서 '다품종 소량 과외' 단계를 거쳐 이제는 '다품종 대량 과외' 단계로 접어들었다.

과외는 심리적 현상이다. 세 가지 심리가 작용한다. 성적이 오르리라는 막연한 '기대심리', 남들은 다 하는데 나만 안 하면 어떻게 하나라는 '불안심리', 학원비를 대면 부모 책임은 다했다는 학부모의 '핑퐁심리'가 복합적으로 작용해 나타난 현상이다.

과외는 하나의 거품이다. 과외는 성적 향상에 별 효과가 없다. 마마보이로 키우고 홀로서기를 막아 스스로는 아무것도 하지 못하는 나약한 인간으로 만든다. 그래서 과외는 물리적 외과 처방보다 심리적 요법으로 다스려 나가야 하지 않을까.

사교육 과외와 관련한 신문 기사 제목을 살펴보았다.

'과외 열풍, 학부모 허리 휜다', '집 팔고, 은행 빚 얻고, 파출부 나서고, 월 500만 원짜리 과외…', 'GNP 증가율 훨씬 웃돌아, 사교육비 17년간 10배 증가', '공교육은 깃털, 사교육은 몸통', '사교육 망국병 고칠 수 있을까.'

정부와 언론이 '과외 망국론'으로 학부모에게 겁을 주면 줄수록 과외 불길은 더 번져 나갈 것이다. 과외 문제의 심각성을 언론매체가 보도하면 할수록 진정되기는커녕 더욱 확산될 것이다.

과외병을 잡으려고 도입한 고교 평준화 정책은 하향 평준화를 이루어 학업 성적 우수 학생들에게는 학습 의욕을 상실케 하고, 열등 학생들에게는 학습을 포기하게 만들었다. 평준화 정책은 21세기 지식, 정보화 사회에 역행하고 있다. 헌법 정신에도 어긋난다.

나는 공립 고등학교 두 군데서 교장으로 근무한 적이 있다. 한

고교에는 학부모 중 의사와 법조인이 백 명이 훨씬 넘는데, 다른 한 곳은 단 한 명도 없었다. 평준화는 무시험 배정으로 되는 것이 아니다. 교사, 학생, 시설, 환경이 평준화가 안 된 상황에서 고교 평준화는 그 자체가 국민을 기만하는 것이다.

MB정부는 '고교교육의 다양화'를 내걸고 평준화 보완대책으로 고교체제를 바꾸려고 했다. 과학고, 외국어고, 국제고 등 특별목적고와 자율사립고, 자립형고 등 다양한 형태의 고교를 많이 만들었다. 나는 처음부터 '고교교육의 다양화'는 평준화의 보완책이 될 수 없다고 이 안에 반대했다. 대다수의 일반 고등학교를 죽이는 정책이 될 것이라고 우려했다. 우려했던 일이 현실이 되었다.

중학교 졸업 성적 우수 학생은 일차 특목고와 자사고로 빠져나간다. 2차로 중간 성적 학생은 대학 진학 시 내신 성적에 상대적으로 유리한 실업고(전문고)로 빠져나간다. 나머지 어중간한 학생만으로 구성된 일반고 교실 모습을 그려보라. 성적 차이가 심해 수업 진행 자체가 어렵다. 다 알기 때문에 잠자고, 들어도 무슨 소리인지 몰라 잠자는 아이를 한 교실에 넣고 가르치라는 것은 일종의 고문이다. 미적분을 푸는 아이들과 분수도 모르는 아이들이 한 교실에서 공부한다.

나는 과외가 효과가 없다는 것을 입증해 왔지만 이제는 생각이 달라졌다. 능력에 따라 공부를 시킬 수 없는 공교육을 믿고 과외를 청산하라고 말할 자신이 없다. 학교 교사들 탓으로만 돌릴 수도 없다. 현재의 평준화 제도 아래서 특목고, 자사고는 반대한다. 평준화 제도를 전면적으로 풀어 학생의 학교 선택권을 보장한 후 특목고, 자사고, 그 외에도 경쟁력 있는 고교를 얼마든지 수용할 수 있을 것이다.

지금 정치권은 공교육이 아닌 사교육 편에 서 있다. 말은 공교육 정상화, 사교육 추방이라고 하지만 행동은 전혀 다르다. 그들이 노리는 표는 사교육 시장에 있기 때문이다. 정부는 사교육 시장이 고용 창출에 크게 기여하고 있음을 잘 알고 있다.

전교조를 비롯한 좌파 민중교육론자들은 학교 교육에 대해 세 가지 착각을 하고 있다. 첫째, 학교에선 입시 교육을 해서는 안 된다는 착각, 둘째, 학생 간에 경쟁을 시키면 안 된다는 착각, 세 번째, 아이들은 규제의 대상이 아니라는 착각이 그것이다. 보충수업, 학력고사, 교원평가 반대, 체벌금지, 학생자치활동 간섭 금지, 학생 인권조례는 이런 착각의 산물로 공교육의 발목을 잡는 것들이다.

그렇다면 사교육 지원 세력은 과연 누구인가. 정치권이고 정부다. 지도급 인사들 중에는 국내 공교육을 믿지 않아 일찌감치 자녀를 해외로 보내거나 국내 특목고에 보내면서 고교 평준화를 옹호한다. 개천에서 용 나던 옛날이 한없이 그립다.

개구리 소년에게 하신 선생님 말씀

지난날 학창 시절을 회고해 보면, 공부를 잘 가르쳐 주는 선생님보다 인간적으로 대해 주고 삶의 방법과 인간의 도리를 가르쳐 준 선생님이 더 생각난다. 교장 시절, 학년 초가 되면 학부모 총회를 열어 학교장으로서 늘 간절한 호소를 하곤 했다. 어느 해 나는 학부모 앞에서 두 가지 이야기를 했다.

어느 두메산골 초등학교에 사범학교를 갓 나온 여선생님이 개구쟁이 3학년 담임을 맡았는데, 어느 날 한 소년이 개구리를 잡아다 여자아이들 가방 속에 넣고 시치미를 뗐다. 가방 속에서 개구리가 나오자 여자아이들이 놀라 비명을 지르고 울기도 했다.

한참 지나니까 여자아이들이 더는 놀라지 않았다. 그러자 소년은 개구리 배를 갈라 허파가 뛰는 모습을 보여 주었다. 여자아이들은 놀라서 또 울고불고 야단법석이었다. 이를 뒤늦게 알게 된 담임 선생님이 장난친 소년을 불러세웠다. 교실 안은 조용해졌고 바라보는 아이들도 겁에 질려 있었다. 소년은 고개를 떨구고 선생님 앞으로 나왔다. 선생님은 소년의 머리 위에 가만히 손을 얹었다.

"넌 장차 훌륭한 외과의사가 되겠구나. 선생님은 너를 믿고 있어."

그러고는 들어가라고 하는 것이었다. 훗날 그 소년은 의대 교수에 훌륭한 의사가 되었다. 소년은 선생님 말씀을 잊지 않았던 것이다. 의사가 될 수 있다는 확신을 갖고 공부했을 것이다. 나는 학부모님께 거짓말이라도 좋으니 이렇게 말해 달라고 간곡히 호소했다.

"학교에 가보니 너의 학교 참 좋더라."

"교장 선생님도 멋있고, 담임 선생님도 훌륭한 분이더라."

"학교에 갔다오니 기분이 좋구나."

내가 학부모님께 신신당부한 말이었다. 그리고 하고 싶은 말이 또 있었다.

"너희 학교 뭐 그러냐. 교장 뭐 그런 사람이 있니?"

"네 담임 선생 왜 그러지. 담당 교과는 뭐야?"

"네 담임은 또 여선생이야? 나이는 몇이래?"

선생님에 대한 신뢰가 사라지면 학생들의 면학 풍토를 만들어 갈 수 없다. 선생님을 믿어야 교육이 사는 것이 아닌가.

나는 학부모님께 시 하나를 소개했다. 칼릴 지브란의 《예언자》 중 〈아이들에 대하여〉를 천천히 낭송했다.

그대들의 아이라고 해서 그대들의 아이는 아닌 것
아이들이란 스스로 갈망하는 생명의 아들딸인 것
그대들을 거쳐왔을 뿐 그대들로부터 온 것은 아니다
그러므로 비록 지금 그대들과 함께 있을지라도
아이들이란 그대들의 소유는 아니다

그대들의 아이들에게 사랑을 줄 수는 있으나
그대들의 생각까지 줄 수는 없다.
왜냐하면 아이들은 자신의 생각을 가졌으므로

그대들은 아이들에게 육신의 집을 줄 수는 있어도
영혼의 집마저 줄 수는 없다.
왜냐하면 아이들의 영혼은 내일의 집에 살고 있으므로

그대들은 결코 찾아갈 수 없는
꿈속에서도 가볼 수 없는
내일의 집에 그대들 아이들과 같이 되려고 애쓰되
아이들을 그대들과 같이 만들려 애쓰지 말라.
왜냐하면 삶이란 결코 뒤로 되돌아가진 않으며
어제에 머물지도 않는 것이므로

그대들은 활
그대들의 아이들은 마치 살아 있는 화살처럼
그대들로부터 앞으로 쏘아져 나간다.

내가 읊는 시는 강당 구석구석 젊은 아버지 어머니를 찾아갔다. 레바논의 철학자이자 화가, 시인인 칼 지브란은 '부모는 활, 아이들은 화살'이라 했다. 활시위를 당긴 이상 부모라 해서 자녀를 마음대로 붙잡아 둘 수는 없는 일이다. 그렇다. 내 아이라 해서 내 소유는 아니다. 이제 우리들은 내 아이니까 내 마음대로 키우고 내가 바라는 인물로 만들고 말겠다는 아집에서 벗어나야 하리라.

학부모님께 드리는 글

생각해 보면 이 세상에서 가장 훌륭한 선생님은 다름 아닌 부모님이다. 가정교육을 소홀히 하고 학교에 모든 것을 의존하려는 것은 크게 잘못된 것이다. 내 아들 딸을 어떤 자녀로 키울 것인가. 그리고 어떤 방법으로 키울 것인가는 동서고금을 가리지 않고 모든 부모들의 한결같은 염원이다. 나는 학부모 단체 모임이나 학교 어머니 모임에 초청을 받았다. 재능기부로 초청 강연에도 응하고 있다.

다음은 강의 내용의 일부다. 일본 정부기관이 미국, 일본, 한국 학부모들을 대상으로 조사한 자료를 인용했다.

"자녀가 어떤 성격을 가진 어른으로 성장하기를 바랍니까?"

이에 대해 빈도가 가장 높은 답변을 보면 미국은 책임감, 일본은 남을 배려하는 마음, 한국은 바른 예의를 꼽았습니다. 지금 우리에게 진정 필요한 것은 '책임감'과 '남을 배려하는 마음'이라는 생각이 듭니다. 우리가 '바른 예의'를 강조하고 있지만 언제부터인가 이러한 덕목도 빛이 바래고 있다는 생각이 듭니다. '동방예의지국'이라던 우리를 보고 어느 외국인이 "한국은 동방무례지대국"이라고 평했고, "정치인은 애국심이 없고 시민은 질서의식이 없다"고 비판하기도 했습니다.

"현재 교육 현실을 생각할 때 무엇이 가장 심각한 문제라고 생각합니까?"

미국은 첫째, 절도, 폭력, 약물 오남용, 둘째, 기초 학력 부족, 셋째, 교사와 학생과의 관계를 꼽았습니다. 일본은 첫째, 입시 위주 교육, 둘째, 개성을 무시한 획일적 교육, 셋째, 학력 격차에 따른 차별대우를 꼽았는데, 한국은 첫째, 둘째, 셋째 모두 일본과 똑같은 반응을 보였습니다.

"당신의 자녀를 어느 단계의 학교까지 보내려고 합니까?"

미국은 고교 이하 5.0%, 2년제 대학 7.1%, 4년제 대학 43.1%, 대학원 43.2%, 대학원 이상 0.4%, 모르겠다 0.2%였습니다. 일본은 각각 16.4%, 18.9%, 54.6%, 1.8%, 3.0%, 5.3%이며, 한국은 각각 1.5%, 0.8%, 39.1%, 45.1%, 12.6%, 0.9%로 나타났습니다.

여기에서 보듯이 한국과 일본은 학부모들의 교육에 대한 문제점의 인식이 같습니다. 그러나 이에 대한 대응 방안은 매우 다릅니다. 일본인들은 자녀들에게 소질과 적성을 찾게 해 주려고 하는데 비해, 한국인은 무조건 상급학교에 진학시키려 하는 경향이 강하게 나타나고 있습니다. 한국은 미국이나 일본보다 고학력 선호 경향이 뚜렷하며, 대학만 가면 모든 문제가 해결되는 것으로 인식하는 것 같습니다.

여기서 미국이 절도, 폭력, 약물 오남용 그리고 기초 학력 부족을 고민하고 있음에도 불구하고 오늘날 어떻게 전 세계를 지배하고 있는지 곰곰 생각해 볼 필요가 있습니다.

한 사람의 왕이나 영주를 먹여 살리기 위해 온 백성이 뛰는 시대가 있었습니다. 고대 노예시대나 중세 농노시대를 돌이켜보면 이해할 수 있을 것입니다. 노예나 농노들은 군주나 영주를 위해 모든 것을 헌납하고 목숨까지 바치며 살았습니다.

지금은 옛날과 달리 한 사람의 천재가 온 국민을 먹여 살리는 시대로 변했습니다. 빌 게이츠를 생각해 보면 이해할 수 있을 것입니다. 빌 게이츠는 살아생전 그의 소득 중 0.1%도 소비하지 못하고 세상을 떠날 것입니다. 영화 한 편이 우리나라 연간 수십만 대 자동차 수출에서 얻는 수익보다 더 큰 이익을 내고, 스포츠맨 한 사람의 연간 소득이 재벌기업의 연간 소득보다 높은 나라가 미국입니다. 빌 게이츠, 스필버그, 타이거 우즈와 같은 사람이 가장 많은 나라가 미국입니다.

이제는 영재교육, 특별교육, 재능교육에 특별히 힘을 쏟아야 합니다. 그러나 모두 그 대열에 들어갈 필요는 없습니다. 그래서 교육 목표는 남과 더불어 잘 어우러져 살아가는 건전한 시민 육성이 되어야 합니다. 우리는 이제 자녀교육에 대한 생각을 바꿀 때가 되었습니다. 모두 대학을 가야 하고 모두 출세를 해야 한다는 생각을 버리고 자녀의 특기와 적성이 무엇인지 살피고 그것을 어떻게 살려 줄 것인가를 생각해야 합니다. 그것이 설혹 쉽게 발견되지 않는다 해서 실망할 필요가 없습니다.

절대적 빈곤을 경험한 한국인들은 어떻게 해서든지 자녀를 출세시켜 가난을 극복하고 권세를 누리며 살아봐야 한다는 생각을 하게 되었고, 실제로 이를 떨쳐 버리기 어려운 것도 사실입니다. 그러나 세상은 크게 바뀌었습니다. 앞으로는 일할 의지만 있으면 굶주림은 면할 수 있는 세상이 되었습니다. 이제는 가족이나 이웃과 함께 즐겁게 살아갈 수 있는 시민교육이 무엇보다 중요하다고 봅니다.

"자녀가 어릴 때는 자유롭게, 성장함에 따라 엄하게 키워야 한다고 말하는 사람이 있는데, 당신은 어떻게 생각합니까?"

일본은 '그렇게 생각한다' 20.1%, '대체로 그렇게 생각한다' 18.5%, '대체로 그렇게 생각하지 않는다' 24.8%, '그렇게 생각하지 않는다' 35.5%였습니다. 미국은 각각 2.8%, 5.4%, 15.0%, 75.7%였고, 한국은 각각 58.4%, 22.3%, 8.6%, 10.5%로 나타났습니다.

한국 학부모들은 미국이나 일본 학부모와 정반대의 생각을 갖고 있습니다. 이 설문에서 보듯이 한국인들이 홀로서기를 못하는 이유를 아셨을 것입니다. 우리 스스로 마마보이를 만들고 있는 것입니다.

이제 가정교육의 방법을 바꾸어야 합니다. 철들기 전에는 무조건 "오냐오냐" 하고, 철들면 "안돼, 안돼" 하면 어떻게 하자는 겁니까? 과잉보호와 과잉간섭은 모두 금물입니다.

학교의 역할에 대한 설문에서 "학교는 기본적인 예의범절을 익히는 곳"이라는 반응이 일본 9.9%, 미국 14.1%, 한국 39.9%로 나타났습니다. 또 "사회생활에 필요한 규칙을 몸에 배게 하는 곳"이라는 반응이 일본 60.5%, 미국 30.5%, 한국 63.0%였습니다. 또 학교는 "인간성을 육성해야 하는 곳"이라는 반응에 일본 29.7%, 미국 25.5%, 한국 50.7%로 나타났습니다.

한국 학부모들은 미국, 일본 학부모에 비하여 가정에서 해야 할 기본예절, 규칙 지키기, 인간성 육성 등 인성교육과 생활지도까지 학교에 요구하고 있다는 사실이 밝혀진 셈입니다.

한국 학부모들은 미국, 일본과는 달리 자녀들에 대한 기본 생활 습관 지도를 가정에서 제대로 하지 않으면서 오히려 학교에서

해 주기를 바라고 있습니다. 자녀 교육은 학교와 가정이 어떻게 협력해야 하는가에 따라 좌우됩니다. 교사와 학부모는 수레의 두 바퀴입니다.

튀는 행동, 괴짜, 창조적 반항 같은 것을 왕자병, 공주병으로 오진해서도 안 됩니다. 내가 신뢰하는 사람이 나를 인정해 줄 때 힘이 솟구치는 것입니다. 내가 믿고 있는 선생님이 "너는 할 수 있어"라고 용기를 주면 아이들은 그렇게 변해 가는 것입니다.

지금은 그 무엇보다도 선생님을 믿게 하고 따르게 하는 것이 가장 중요한 때입니다. 이것은 학부모의 몫입니다. 학부모 여러분의 발상의 전환, 의식의 전환이 학교를 살리고 교육을 살린다는 것을 강조하고자 합니다.

남은 장작 불태우겠다

중국 오패(五覇)의 한 사람이었던 제(齊)나라 환공(桓公, 재위 BC 685~643) 때의 일이다. 어느 해 봄, 환공은 명재상 관중(管仲)과 대부 습붕(隰朋)을 데리고 고죽국(孤竹國)을 정벌하러 나섰다. 그런데 전쟁이 의외로 길어지는 바람에 겨울에야 끝이 났다. 귀국길에 혹한 속에서 지름길을 찾다가 산속에서 그만 길을 잃고 말았다. 전군이 진퇴양난에 빠졌을 때 관중이 나서서, "이런 때는 늙은 말의 지혜(老馬之智)'가 필요하다"면서 늙은 말 한 마리를 풀어놓았다. 전군이 그 말 뒤를 따라 행군한 지 얼마 안 되어 큰길을 찾아 무사히 돌아올 수 있었다.

내가 부엉이 마을을 떠나온 지 50년이라는 세월이 훌쩍 지났다. 나의 경력은 화려하지는 않지만 다양한 편이다. 초등학교 교사에서 출발해 중·고등학교 교사를 거쳐 장학사, 장학관이 되었고,

중학교, 고등학교 교장을 두루 지냈으니 보통교육을 모두 섭렵한 셈이다.

한때는 외교관으로 주일 한국대사관에서 재일교포 민족교육을 총괄하였다. 그때 일본 교육을 들여다보기도 했다. 정년 퇴직을 한 뒤에는 명지대 객원교수로 발령을 받고 출강했다. 그 뒤 나는 교육계 출신으로는 최초로 서울시의원에 당선되어 의정활동을 했고, 지금은 시민운동가로 활동하고 있다. 그렇게 보면 평생 교육계 안팎에서 현장을 체험하고 관찰했다고 할 것이다.

원래 나는 둔마였다. 책 읽는 것 외에는 잘하는 것이 하나도 없었다. 그래서인가 집념을 버리지 못하고 살았다. 세월이 흘러도 준마가 되지는 못했지만 세상 사는 이치를 조금은 깨닫지 않았나 생각한다.

그간의 경험을 통해 알게 된 것은 '학부모의 교육에 대한 이해 부족, 정치인의 무지, 정치교사들의 무책임, 학교장의 나약함 그리고 관료들의 편법'이었다. 내가 평생 고민하며 싸운 대상은 이 같은 비정상적인 교육 풍토였다. 명심보감은 "경험하지 않으면 지혜가 자라지 않는다"고 했다. 산전수전 다 겪은 지금의 내가 노마를 자처하면서 나서지 않으면 안 되겠다는 생각을 하게 되었다.

어리석은 사람이 산을 옮긴다는 우공이산(愚公移山)의 의미가 내 마음을 울린다.

어떠한 어려움도 굳센 의지로 밀고 나가면 극복할 수 있으며,

하고자 하는 마음만 먹으면 못할 일이 없다는 뜻일 것이다. 지성이면 감천이라는 의미일 것이다. 오늘의 학교 붕괴 사태를 풀려면 산에 있는 돌 하나하나를 옮기는 우공이산의 심정으로 돌아가야 하겠다는 생각을 해 본다. 단숨에 해결할 수 없지만 그쳐서는 안 된다.

지난 세월 여덟 권의 책을 통해, 그리고 신문 칼럼이나 텔레비전 토론, 세미나, 강연 등을 통해 수없이 내놓았던 나의 주장은 지금 어디로 갔는가?

2012년에 펴낸 《꼼수가 교육 망쳤다》는 우리나라 교육이 정치 꼼수에 의해 어떻게 망가지고 있는지, 그리고 이를 해결할 수 있는 대안이 무엇인지에 대한 보고서였다. 그 많은 의견과 주장 중에 교육당국에 의해 반영된 것은 그리 많지 않았다. 그러나 나의 주장은 아직도 살아 숨쉬고 있다는 것을 그들의 정책 실패를 통해서 느낀다.

퇴임하는 어느 교장 선생님의 말씀이 나를 슬프게 한다.

"그 좋은 때 교장 한 번 못하고, 이 좋은 때 교사 한 번 못하고 물러갑니다."

학교 현장이 어떻게 돌아가는지 알 만하다. 식물 교장은 오늘도 미련 없이 학교를 떠난다. 방휼지쟁(蚌鷸之爭)을 생각한다. 조개와 도요새가 물고 물리며 서로 싸우다가 다같이 어부에게 잡히고 만다는 고사다. 학교는 교장과 교사가 파워 게임하는 장소가 아니다. 교장과 교사가 서로 싸우고, 교총과 전교조로 갈라져 싸우는 사이에 학교는 표류하고 있다.

마침내 교육현장은 안개와 스모그가 깔려 앞이 잘 보이지 않는다. 아이들은 벼랑 끝으로 달려가는데, 정작 선생님은 보이지 않는다. 선생님들은 담장 안에 모여 앉아서 햇볕만 쬐고 있다. 학교는 죽어 가고 있다. 위정자들은 선거철만 되면 교육개혁을 깃발처럼 나부끼지만, 그때뿐이다. 모든 것을 다시 시작해야 한다.

나는 오랫동안 비바람과 눈보라를 맞으며 산을 넘고 강을 건너 여기까지 왔다. 산전수전 다 겪으며 인고의 세월을 보냈다. 이제는 나도 좀 쉬어야겠다고 생각한다. 그런데도 지난날의 미련이 앙금처럼 남아 나를 놓아주지 않는다.

다시 가슴앓이를 하라 한다. 먼 곳을 항해하는 배가 풍파를 만나지 않고 갈 수는 없다. 풍파는 언제나 나의 벗이었다. 고난 속에 인생의 기쁨이 있었다. 고난이 심할수록 내 가슴은 뛰었다. 내 가슴을 뛰게 한 욕망은 어떤 사람들에겐 눈을 멀게 했지만 내게는 눈을 뜨게 한 원동력이었다. 아직도 타다 남은 장작이 남아 있다. 남은 장작을 모두 태우고 싶다. 병든 교육을 고치고, 일그러진 교육을 바로 세울 수만 있다면 험한 파도를 두려워하지 않고 노를 잡고 바다로 나아가리라.

부록

1. 대화 광장의 화두

2. 나의 발자취

1. 대화 광장의 화두

저서

- 교육, 문제는 많지만 대안도 있다(말과 창조사, 2000)
- 교육, 아직 희망은 있다(말과 창조사, 2001)
- 이젠 학교를 살려야 한다(중앙교육진흥연구소, 2002)
- 심약한 아이 홀로서기(한국지역사회교육협의회, 2002)
- 김진성의 학교 살리기(케이스, 2004)
- 전교조 증후군 상 · 하(한국미래교육개발원, 2007)
- 2012년 총선 대선과 전교조(조갑제닷컴, 2009)
- 꼼수가 교육 망쳤다(드림센터, 2012)
- 부부 수필집 '둘이 하나 되어'(에세이문학, 2016)

TV 토론

- MBC TV 특별 대담, 사회 : 박인수 1986. 9. 주제 : '호연지기 국토 순례' 출연 : 김주영(작가), 김진성(장학관), 김찬삼(여행가)
- KBS 2년 연속 특별 생방송, 1986. 12. 주제 : '현장 점검, 10대 문제는 어른의 문제' 토론 : 서영훈(흥사단), 김찬진(국무총리실), 김진성(서울시

교육청), 김병렬(여의도국), 안재정(목사), 최석상(서울시경), 조선덕(공주사대)

- KBS TV 생방송 심야토론, 진행 : 이인원 1988. 11. 주제 : '교육관계법 개정, 쟁점은 무엇인가' 토론 : 노웅희(전교협), 신현직(계명대), 홍성대(사학재단연합회), 윤정일(서울대), 장인원(중앙대), 윤형섭(한국교총), 김진성(자양중)
- KBS TV 생방송 심야토론, 진행 : 이인원 1989. 7. 주제 : '교원단체행동권, 어떻게 할 것인가' 토론 : 한명희(동국대), 모영기(교육부), 김진성(자양중), 빙웅길(전국육성회장), 이규삼(전교조), 신현직(계명대)
- KBS TV 교육주간 특별기획 토론, 1991. 5. 14. 주제 : '오늘의 스승' 토론 : 현승종(한국교총 회장), 이가원(전 성균관대), 허운나(한양대), 김진성(교육부)
- MBC TV 쟁점 TV토론, 사회 : 추성춘 1992. 8. 주제 : '과외문제, 어떻게 해결해야 하나' 토론 : 한준상(연세대), 손경애(현대사회연구소), 김진성(교육부)
- KBS TV 아침마당, 1993. 4. 9. 주제 : '과외' 출연 : 김진성(교육부 장학관) 외 3인
- KBS TV 생방송 심야토론, 진행 : 박원홍 1997. 8. 20. 주제 : '청소년 문화, 어떻게 발전시킬 것인가' 토론 : 김진성(삼성고), 금명자(청소년 대화의 광장), 김병서(이화여대), 김현주(중앙대), 함병수(한국청소년개발원)
- EBS TV 열린교육, 열린사회, 진행 : 허운나 1998. 7. 4. 주제 : '학교운

영위원회, 교육개혁의 꽃인가' 출연 : 이해찬(교육부장관), 김진성(삼성고교장), 박유희(동작중 학운위원장), 정진화(양천중)

- K-TV 시사토론 진행 : 이연택 1998. 11. 12. 주제 : '교원 정년 단축, 어떻게 볼 것인가' 출연 : 김진성(삼성고), 한준상(연세대), 전풍자(학부모연대), 서정화(홍익대)
- K - TV 시사토론 진행 : 이연택 1999 . 5. 21 주제 : '흔들리는 교권을 진단한다' 출연 : 김진성(삼성고), 이수일(전교조), 최현섭(강원대), 황수경(참교육학부모회)
- MBC TV, 배유정의 터놓고 말해 봅시다, 1999. 7. 16. 주제 : '수행평가, 교육인가 고역인가' 출연 : 이수일(교육부), 박도순(한국교육과정평가원장), 성태제(이화여대), 김두루한(전교조), 김진성(한국교육정책연구회장)
- MBC TV 정운영의 100분 토론, 1999. 9. 15. 주제 : '춤추는 입시제도, 2002년 대입 무시험' 출연 : 김영식(교육부), 이현청(대교협), 김진성(구정고), 정유성(서강대), 김동섭(국민대)
- KBS TV 청소년 특집 : 아이들이 변했어요, 1999.12.19. 진행 : 송지헌 주제 : '학교야, 일어나라' 출연 : 김명신(학부모연대), 김진성(구정고), 도재원(거창고), 이인규(전교조)
- KBS TV 2000 대기획 교육, 이대로 둘 수 없다, 2000. 5.10. 진행 : 송지헌, 심리 : 강지원, 박주현 주제 : '과외, 무엇을 위한 것인가?' 출연 패널 : 김진성, 윤정일, 이동진, 출연 : 이수일(교육부), 이경자(학부모), 황인

성(학생), 박원석(교사)

- EBS TV 일요명사 초청 특강, 2000. 9. 3. 주제 : '학부모가 변해야 교육이 산다' 초청강사 : 김진성(구정고 교장)
- 포항 MBC 100분 토론, 사회 : 박무일 2000. 11. 16. 주제 : '고교 평준화인가, 비평준화인가' 토론 : 김진성, 임명숙, 이찬교, 남창모
- KBS TV 생방송 심야토론, 2001.10. 진행 : 길종섭 주제 : '학교 선택권과 대학의 자율화' 토론 : 윤정일(서울대), 김진성(한국교육정책연구회장), 이주호(한국개발연구원), 윤지희(참교육학부모회), 최현섭(강원대)
- 스스로넷 TV 개국기념 생방송, 2002. 2. 26 주제 : '자퇴, 새로운 도약인가 도피인가' 토론 : 김진성, 박현주, 오기록
- SBS TV 토론공방, 2002. 5. 24. 진행 : 엄광섭 주제 : '보충수업 혼란' 토론 : 김진성(교육정책연구회장), 김상일(서울교육청), 이영만(교육부), 김영삼(전교조)
- EBS TV 특별기획, 교육 고발한다, 2003. 2. 14. 진행 : 왕상은 주제 : '학부모 이기주의' 출연 : 강지원(변호사), 김진성(한국교육정책연구회장), 박석무(연대국악연구원), 신의진(정신과 의사), 심양섭(언론인), 유태영(건대 명예교수)
- EBS TV 특별기획 '교육, 확 바꿉시다' , 2003. 4. 1. 진행 : 강지원 주제 : '교육행정기구, 몸집을 줄이자' 출연 : 김진성(한국교육정책연구회장), 김대유(서문여중 교사), 우천식(KDI지식경제팀장), 이규석(강서교육청 학무국장), 임구상(용지초 교장), 이상선(전 초등학교장), 조흥순(한교

총), 최현섭(강원대)

- 포항 MBC TV 100분 토론, 2003. 4. 18. 진행 : 권오윤 주제 : '고교 평준화와 비평준화' 출연 : 김진성(명지대 객원교수), 임종근(학운위 회장), 장명수(참교육학부모회 실장), 서재원(전교조 전 위원장)
- iTV(경인방송), 2003. 4. 29. 주제 : '교장 선출보직제, 교단 갈등 해법인가' 출연 : 김진성(바른교육시민운동 대표), 송원재(전교조 대변인), 한재갑(한교총 국장), 이상선 (은행초 교장)
- KBS TV 생방송 심야토론, 2003. 5. 10. 진행 : 길종섭 주제 : '교단 갈등, 어떻게 풀 것인가' 출연 : 이수일(교육부 학교정책실장), 김진성(바른교육시민운동 대표), 이상선(전 초등교장), 최재선(포이초 교장), 장혜옥(전교조 수석부회장), 윤지희(참교육학부모회 정책실장)
- EBS TV 여론광장, 2003. 7. 12. 진행 : 왕상한 주제 : '교육감 직선제, 도입해야하나?' 출연 : 김진성(교육공동체시민연합 공동대표), 류호두(교총 교육정책연구소장), 박경양(참교육학부모회장), 박종철(충남도 교육위원), 안승문(서울시 교육위원), 양헌성(대전학부모회), 이기우(인하대), 이치화(서울시의원)
- SBS TV 염재호의 시사진단, 2003. 10. 26 주제 : '평준화와 고교 입시 부활' 출연 : 김진성(교육공동체시민연합 공동대표), 심성보(부산교대 교수)
- EBS TV 여론광장, 2003. 12. 13. 진행 : 박순애 주제 : '사교육 왕국, 이대론 안 된다' 출연 : 김진성(교육공동체시민연합 공동대표), 정진곤

(한양대 교수), 송원재(전교조 대변인)

- R-TV 황상익의 쟁점토론 '난장', 2004. 2. 25 주제 : '사교육비 경감대책, 실효성 있나' 출연 : 김진성(교육공동체시민연합 공동대표), 김영윤(교육부 장학관), 송원재(전교조 대변인)
- R-TV 황상익의 쟁점토론 '난장', 2004. 4. 7 주제 : '공무원 정치표현, 어떻게 볼 것인가' 출연 : 김진성(교육공동체시민연합 공동대표), 임동욱(충주대 교수), 정용해(공무원노조 대변인), 김정진(변호사)
- K-TV 토론광장, 2004. 7. 12. 진행 : 정옥임 주제 : '사립학교 논란, 어떻게 볼 것인가' 출연 : 김진성(명지대), 박거용(상명대), 박경양(참교육학부모회), 송영식(대학법인협회)
- EBS TV 연중기획, 2004. 8. 16. 진행 : 김신명숙 주제 : '평준화 30년, 학력 저하 가져왔나' 토론 : 김진성 (전 구정고 교장), 박부권 (동국대 교수)
- KBS TV 일요진단, 2005. 1. 30. 주제 : '사도, 어디로 갔나' 출연 : 김영식(교육인적자원부 차관), 윤종건(한국교원단체총연합회장), 김진성(교육공동체 시민연합 공동대표)
- KBS TV 생방송 심야토론, 2006. 5. 10. 진행 : 정관용 KBS TV 신관

칼럼

- 보충수업을 해서는 안 되는 이유 〈한겨레〉 (1998. 4. 23)
- 학교장 추천제의 바른 이해 〈동아일보〉 (1998. 5. 20)
- IMF를 불러들인 한국 교육 〈세계일보〉 (1998. 12. 7)
- 교권 추락과 인간 교육 〈동아일보〉 (1998. 12. 14)
- 수행평가, 너무 서둘지 말자 〈조선일보〉 (1999. 3. 26)
- 내가 교육부장관이라면 〈조선일보〉 (2000. 5. 1)
- 학부모 불안심리 없애야 과외 해결 〈중앙일보〉 (2000. 6. 23)
- 부전공 교사 철저히 검증을 〈동아일보〉 (2000. 8. 23)
- 대안학교가 공교육을 대신할 수는 없다 〈노동신문〉 (2000. 10. 5)
- 열린 교육, 무엇이 문제인가 〈조선일보〉 (2001. 3.)
- 교무실 붕괴 우려 〈조선일보〉 (2001. 10. 14)
- 교단갈등 부추긴 정년 논쟁 〈동아일보〉 (2001. 12. 5)
- '과목 편식' 대책 있나 〈조선일보〉 (2002. 1. 5)
- 싸구려 공교육은 가라 〈조선일보〉 (2002. 1. 7)
- 국민을 납득시켜라 〈조선일보〉 (2002. 5. 1)
- 선생님만 나무라는 사회 〈중앙일보〉 (2002. 11. 21)
- 교원정책부터 바꿔야 한다 〈동아일보〉 (2004 .2. 20)
- 교사 권위 흔들려선 안 된다 〈동아일보〉 (2004 .4. 5)
- 고교 평준화의 덫 〈동아일보〉 (2004 .10.11)

- 스승의 길을 포기하려는가 〈동아일보〉 (2005 .1. 15)
- 내신전쟁, 이대로 둘 건가 〈동아일보〉 (2005. 3. 24)
- 수행평가, 엄마도 아이도 멍든다 〈동아일보〉 (2005. 9. 15)
- 교원이 싫어한다고 교원평가 못해서야 〈동아일보〉 (2005. 9. 15)
- 이대로 가면 교육계 아수라장 된다 〈조선일보〉 (2010. 4. 12)
- 교육감 선거는 범죄 선거인가 〈조선일보〉 (2009. 12. 18)
- 도수(度數) 안 맞는 '전교조 안경' 〈중앙일보〉 (2011. 9. 7)
- 무상급식은 대국민 사기극이다 〈조갑제닷컴〉 (2011. 3. 16)
- 서울시의회, 지나친 것 아닌가 〈조선일보〉 (2010. 12. 8)
- 현대사 특강, 왜곡 논란 〈동아일보〉 (2008. 12. 4)
- 포퓰리즘의 극치, 아이들 망칠 셈인가 〈동아일보〉 (2010. 8. 10)
- 교육은 이론만으로 되지 않는다 〈조선일보〉 (2001. 3. 14)
- 학교폭력 부르는 인권조례 〈동아일보〉 (2012. 1.12)
- 교육은 결국 교사의 손에 달려 있다 〈동아일보〉 (2000. 8. 23)
- 사람 바뀌어도 변함없는 개혁 원칙 〈한국교육신문〉 (1995. 3. 8)
- 교육 투자 없이 경제 발전 없다 〈한국교육신문〉 (1995. 3. 15)
- 주 5일제 수업 〈한국교육신문〉 (1995. 3. 22)
- 시쯔케, 엄격한 생활지도 〈한국교육신문〉 (1995. 3. 29)
- 서열을 없앤 대학입시제도 〈한국교육신문〉 (1995. 4. 5)
- 종합고등학교 〈한국교육신문〉 (1995. 4. 12)
- 미래를 향한 일본의 생애 교육 〈한국교육신문〉 (1995. 4. 19)

- 일본의 우수교원 확보 방안 〈한국교육신문〉 (1995. 4. 26)
- 학교운영위원회, 이렇게 고치자 〈한국교육신문〉 (1997. 11. 5)
- 교육감이라는 자리 〈한국교육신문〉 (1997. 11. 26)
- 교육을 지배하는 정치논리 〈한국교육신문〉 (1997. 12. 27)
- 보조 바퀴로 굴러가는 한국 교육 〈한국교육신문〉 (1998. 1. 15)
- 구조조정의 정도 〈한국교육신문〉 (1998. 12. 14)
- 토사구팽은 안 된다 〈한국교육신문〉 (1999. 2. 18)
- 교직 사회의 자화상, 우리들에게 문제는 없는가 〈한국교육신문〉 (1999. 3. 8)
- 21세기 미래사회가 요구하는 교사상 〈한국교육신문〉 (1999. 3.1)
- 교육 부총리제에 바란다 〈한국교육신문〉 (2000. 2. 16)
- 한일 국제 비교 : 학교 붕괴의 진단과 처방 〈한국교육신문〉 (2000. 4. 10)
- 8월 명퇴 대란설 〈한국교육신문〉 (2000. 6. 20)
- 정년 환원 없이 교직 안정 없다 〈한국교육신문〉 (2000. 11. 27)
- 한국갤럽, 교원의 교육 현안에 대한 인식조사 〈전교학신문〉 (2000. 12 월호)
- 나의 자녀 교육관 〈전교학신문〉 (2001. 7. 1)
- 윤덕홍 교육부총리에게 말한다 〈한국교육신문〉 (2003. 3. 20)

인터뷰

- 〈교육신보〉 (1998. 9. 2) 한국민주시민교육연구회장 "공동체생활, 자치 활동 통해 민주시민 자질 길러"
- 《교육마당 21》 (1999년 11월호) 한국교육정책연구회장 "현장의 소리 반영한 교육정책 제시할 터"
- 〈한겨레〉 (1998. 9. 4) 김진성 교장의 과외 보고서 '성적 오를 것' 67%, '실제론 변화 없어' 56%
- 〈세계일보〉 (1998. 12. 7) 하고 싶은 말 "토론식 수업 활성화, 위기 대처 능력 배양을"
- 〈동아일보〉 (1998. 12. 20) 특별기고 : 김진성 교장 "정년 단축 경제적 실효성 없다"
- 〈경향신문〉 (1999. 8. 2) 들어봅시다 : 김진성 교장 "경제논리 교육개혁 혼란만 불러"
- 〈한국교육신문〉 (2000. 3. 8) 한국교육정책연구회 창립 1주년 기념 기획대담 "자율만 있고 엄격함이 사라졌다" : 한국과 일본의 학교 붕괴 원인과 대책, 김진성(한국교육정책연구회장, 《교육, 문제는 많지만 대안도 있다》의 저자), 가와카미 료이치(일본교육개혁국민회의 심의위원, 《학교붕괴》의 저자)
- 〈조선일보〉 (2000. 5. 1) "내가 교육부장관이라면" "교육재정 GNP 6% 확보, 공교육 살리겠다"

- 〈중앙일보〉 (2000. 6. 23) "학부모 불안심리 없애야 과외 근절, 초점을 비켜 가는 과외 정책"
- 《새교육》 (2003년 8월호) 만나고 싶었습니다 : '교육공동체' 창립 김진성 명지대 객원교수 "건전한 교육 NGO 역할 다하겠다"

기고

- 일본의 인성교육 (《중등교육》, 1997. 12월호)
- 학교 현장이 바로 교육개혁의 중심 (《교육개발》, 1998. 1월호)
- 국민의 정부, 교육개혁의 방향과 과제 (《교육개발》, 1998. 6월호)
- 각자 자기부터 시작하기 (《우리교육》, 1998. 7월호)
- 통일사회 적응을 위한 교육의 과제 (《교육개발》, 1998. 여름호)
- 자율학교, 전통적 학교로부터의 탈출 (《교육진흥》, 1998. 여름호)
- 한국의 교육개혁과 세계화 (도산아카데미, 1998. 11월)
- 한국 민주시민 교육의 방향 (《민주시민교육》, 1998. 12월호)
- 교육자 분노 달래고 행정 공백 메워야 (《새교육》, 1999. 3월호)
- 학교 체벌, 어떻게 볼 것인가 (《새교육》, 1999. 4월호)
- 교원노조 운동 논리와 그 영향, 앞으로의 과제 (《사학》, 1999. 봄호)
- 경제 위기, 교육에도 큰 책임 (《미래의 세계》, 1999. 5. 25)
- 초·중등학교 교육 위기의 종합 진단과 대책 (《교육진흥》, 1999. 여름호)
- 고개 숙인 선생님과 겁 없는 아이들 (《초등교육》 창간호, 1999. 8월호)
- 교육 정년을 환원해야 하는 10가지 이유 (《새교육》, 2000. 2월호)

- 학교 두들기기, 교권은 누가 지켜주나 (월간 《시민과 변호사》, 2000.5월호)
- 흔들리는 학교 현장, 벼랑 끝으로 달려가는 아이들 (《교육광장》, 2000. 10월호)
- 2002년 새 대입제도의 이상과 현실 (《새교육》, 2001. 2월호)
- 당신의 자녀라 해서 당신의 소유는 아닙니다 (《감사》 통권 제71호, 2001. 여름호)
- 교원단체 복수화 시대 교원노조의 역할과 과제 (《교육진흥》, 2001. 여름호)
- 대입 1학기 수시 모집, 필요한가 (《대학교육》, 2001. 9 · 10월호)
- 교육정책국민회의를 제창한다 (《새교육》, 2001. 9월호)
- 인적자원 개발을 위한 교사의 역할 (《교육광장》, 2001. 9 · 10월호)
- 학교 교육방침과 학교운영위원회 (《교육진흥》, 2001. 겨울호)
- 통일과 안보, 균형적 시각이 필요하다 (《한국논단》, 2002. 8월호)
- 2002년의 모험, 무시험 대입 전형제도 (《연세교육 포럼》 1999. 12.)
- 수요자 중심 교육에 대한 바른 이해 (《서울교육》, 2000. 4.)
- 학교 경영의 효율성 제고 (경남교육청 학교 경영 직무 연수, 2000. 6.)
- 교육 현안에 대한 기본 시각과 관점 (교육부 직무 연수, 2000. 6. 24)
- 선거를 통해 배우는 민주주의 (생활지도부장 연수, 2000. 7. 16)
- 교육위기, 위기를 기회로 만들자 (안양 과천교련, 2000. 10. 31)
- 교육정책과 학교 교육과의 괴리 (한독교육학회 교육정책 세미나, 2000. 11. 25)
- 해외 파견 교육공무원의 자질과 인간관계 (국제교육진흥원 해외공무원 연수, 2001. 1. 10)
- 학교운영위원회의 합리적 운영 방안 (국가행정전문연수원 교장 연수, 2001. 5월호)

특별 강연

- 한국중등교육협의회 주최 하계 세미나 (1997. 8) '외국의 인성교육, 일본 교육을 중심으로'
- 서울시 강동교육청, 학교운영위원회 교원위원 연수 (1998. 5. 21) '교육개혁과 학교운영위원회 역할'
- 서울시교육연수원, 중등 생활지도 연수 (1999. 9. 20) '생활지도 교사의 역할과 자세'
- 국가전문행정연수원, 학교행정 전문화 과정 연수 (1999. 12. 6) '학운위의 합리적 운영방안'
- 경기교육청, 중등장학협의회 초청 (1999. 12. 28) '지식 정보화 사회의 장학 기능과 역할'
- 한국교원대학교 초청, 중등교장 연수 (2001. 7. 11) '교직단체의 역할과 노사 협상'
- 국가 전문 행정연수원 중등학교 경영과정 특강 (2001. 5. 11) '학운위의 합리적 운영방안'
- 한국카운슬러협회 연차대회 (2001. 8. 9) '한국 교육의 현황과 문제점 및 과제'
- 국가행정전문연수원 학교경영자 연수 (2002. 5.20) '학교장 경영철학과 학교장의 역할'
- 서울대 행정연수원 지도자과정 연수 (2002. 5. 27) '한국 교육의 쟁점은

무엇인가?

- 대전 초 · 중등교장회 연수 (2002. 6. 11) '교육환경의 변화와 교장의 역할'
- 자유기업원 초청, 자유기업포럼 (2002. 6. 27) '한국의 사교육 실태와 처방'
- 대구교원연수원 초청 특강 (2002. 7. 29) '복수화시대의 교원단체의 역할'
- 관동대학교 초청 특별강연 (2002. 7. 31) '한국 교육의 진로'
- 대전교원연수원 초청 교원 연수 (2002. 8. 5) '교육현장의 문제와 그 접근방법'
- 강원교육청 교장회 연수 (2002, 10. 25) '학교장의 교원단체와의 갈등관리'
- 대구학부모협의회 초청 강연 (2002. 12. 11) '이젠 학교를 살려야 한다'
- 전남교육청 교원 연수 (2003. 1. 10) '학교는 지식교육의 센터가 되어야 한다'
- 자유지성 300인회 초청 강연 (2003. 4. 18) '전교조를 어떻게 볼 것인가'
- 평화포럼(이사장 김점곤) 초청 강연 (2003. 5. 21) '전교조 논리와 실상'
- 서울대 행정연수원 교장 연수 (2003. 5. 28) '학교장의 갈등 관리'
- 단양교육청 교장 및 학부모 연수 (2003. 6. 20) '학교와 가정의 역할과 협력'
- 전경련 국제경영원 초청 강연 (2003. 10. 17) '자유시장 경제 수호를 위한 우리 교육의 진로'

- 충남교육사랑회 초청 학부모 연수 (2003. 11. 12) '자녀교육, 어떻게 할 것인가'
- 김동길의 목요강좌 (2003. 11. 27) '전교조 실체와 대응 방안'
- 의정부교육청 교장 학부모 연찬회 (2003. 12. 22) '이젠 학교를 살려야 합니다'
- 인천시교육청 초청 전문직 연찬회 (2003. 12. 23) '한국 교육의 현황과 문제점 및 과제'
- 포스코경영연구소 남산포럼 초청강연회 (2004. 4.16) '교원의 전문성과 노조활동의 문제점과 대안'
- 서울대 행정연수원 교장 연수 (2004. 5. 25) '학교장의 리더십'
- 대한민국 안보와 경제살리기 국민운동본부 주최 강연회 (2004. 6. 14) '전교조의 논리와 실상 그리고 대안'
- 자유기업원(원장 김정호) 초청 연수회 (2005. 1. 25) '한국 교육이 나아갈 길'
- 국가안보포럼(회장 이종구) 초청 강연회 (2005. 5. 4) '전교조 논리와 실체'
- 한일협력위원회(회장 남덕우) 초청 강연회 (2005. 10.20) '일본의 일교조와 한국의 전교조'
- 존다르크 한일여성친선협회 초청 강연회 (2006. 1. 19) '한국의 교육 노동운동의 문제점과 과제'
- 충남교원연수원 교감연수 (2006. 5. 2) '학교 운영의 갈등 관리'

교육정책 세미나

- 한국교육개발원 주최 정책토론회 (1988. 12. 27) 종합 : 이영덕 (서울대)

  주제 1. 교육 민주화의 과제(문용린, 한국교육개발원)

  주제 2. 교육 민주화를 위한 과제(김영백, 갈산초)

  주제 3. 교육 민주화운동과 교육제도의 개혁(고재호, 장훈고)

  주제 4. 교육 민주화 논의의 문제점과 방향 정립(김진성, 자양중)

  주제 5. 교육 민주화의 주체(박부권, 한국교육개발원)

  주제 6. 교육 민주화, 그 진정한 의미(성일제, 한국교육개발원)

- 평화토론회 간담회 (1989. 9. 28) 주제 : '전교조, 그 갈등요인과 타개방안' 발표 : 송복, 고영복, 탁희준, 김선호, 김진성, 김점곤, 문인구, 김부기, 한준상, 송월주, 김창규, 임원택,

- 한국교육개발원 20주년 기념 세미나 (1992. 8. 28) '21세기의 사회, 인간 그리고 교육'

  1. 시민사회와 민주시민 교육

     발표 : 곽병선(한국교육개발원), 김진성(교육부), 한준상(연세대), 문용린(서울대)

  2. 한국 교육의 미래 구상

     발표 : 박부권(교육개발원), 권영빈(중앙일보), 최희선(인천교대), 전성연(고려대)

- 교육부 주최 새해 교육 좌담회(1992. 12. 2) '2000년대를 위한 새 교육

관 창조' 출연 : 김진성(교육부 장학관), 김호길(포항공대 총장), 이강숙(한국예술종합학교장), 황종건(명지대 대학원장)

- 새마을운동 중앙연수회 (1993. 3. 24) 건강한 사회 건설과 시민 책임의식 발표 : 심백강(동양문화연구소장), 정지용(서울대), 권기종(동국대), 김진성(교육부), 안정수(경희대), 임영철(가나안농군학교장)
- 국재외동포정책연구원 재외동포교육 정책토론회 (1995. 10. 19. 국회) '재일동포 민족교육 개선방안' 발표 : 김진성(주일한국대사관 수석교육관), 김정길(국제진흥원장), 김재하(민단 교토단장), 이광규(서울대), 홍성인(오사카 민단장), 강영우(일본 오다니대), 서만기(민단본부), 윤영대(재경원), 조선제(교육부)
- 한국교육개발원 주최 정책 세미나 (1997. 10. 20) '학교운영위원회 활성화 방안' 토론 : 김진성(삼성고), 한만중(관악중) 송대헌(참교육학부모회), 정유성(서강대), 장창원(문원중), 김성열(경남대), 조석훈(인제대), 전풍자(학부모연대)
- 한국교육개발원 주최 교육정책 토론회 (1998. 3. 31) '국민의 정부, 교육개혁의 방향과 과제' 발제 : 윤형원(충남대 총장) 토론 : 김진성(삼성고), 김수열(금천고), 오성숙(참교육학부모회), 천영희(삼성그룹), 김주철(한나라당), 엄기형(국민회의), 서남수(교육부)
- 인문고 교장회 세미나(1998. 4. 24) 발제 : 국가 발전과 인문계 고교 교육의 발전(장수연 총장)

  1. IMF 체계 극복을 위한 교육의 역할 : 유한수(포스코), 임옥진(부광고),

박정순(전남여고)

2. 전환기 학교 경영의 발전적 모델 : 김철연(신림고), 김진성(삼성고)

- 통일대비 교육포럼 (1998. 6. 23. 한국교육개발원) 대주제 : 통일사회 적응을 위한 교육의 과제 '남북한 학생의 통일의식과 교육 과제' : 발표 한만길(한국교육개발원), 정영수(인하대) 지정토론 : 김진성(삼성고 교장), 김희영(북한 교원 출신), 정유성(서강대 교수), 조치현(통일 교육원 국장)
- 한국교육법학회 주최 학술대회 토론회(1998. 9. 18) 기조발제 : 교육 현실과 교육 법적 대응 (이천수, 순천향대 총장)

1. 노동기본권과 교직 단체론, 발제 : (이철수, 이화여대) 토론 : 정정규(한국교총), 이수일(전 교조), 양건(한양대)
2. 교육자치와 학교자치 및 교육행정제도에 관한 법적 검토, 발제 : 이기우(인하대) 토론 : 김진성(삼성고), 양민숙(참교육학부모회), 이일권(군자초)
3. 고등교육법의 문제점과 향후 과제, 발제 : 전광석(한림대) 토론 : 이현청(대교협사무총장), 박거용(민교협), 고용(교육부)

- 서울시 교육청 주최 새학교 문화창조를 위한 교원 연수 (1998. 9. 22) 기조 강연(김진성, 삼성고 교장) '21세기 미래사회가 요구하는 교사상'
- 전국교육대학원장협의회 학술포럼 (1998. 10. 16) 기조발제 : 교육개혁과 교육발전 (정범모)

1. 교원단체 어떻게 할 것인가, 발제 : 강인수(수원대) 토론 : 김진성

(삼성고), 안규철(전남대)

2. 학교 평가, 어떻게 할 것인가, 발제 : 윤정일(서울대) 토론 : 배호순(서울여대), 서연호(숭문고)

- 문화일보 주최 21세기 시민포럼 (1998. 11. 13) 주제 : 21세기를 위한 국민의 정부의 교육개혁 청사진, 발표 : 이해찬(교육부장관) 토론 : 서지문(고려대), 민경찬(연세대), 김진성(삼성고), 전풍자(학부모연대)
- 서울대 교육행정연수원 제4회 관악교육정책포럼 (1999. 11. 22) 주제 : 교원 정년 단축과 교직사회 안정화 과제(이종재, 박성익, 문용린) 지정토론 : 김진성(한국중등교장협의회), 안천(서울교대), 주삼환(충남대)
- 한국교육평가학회 주최 학술세미나 (1998. 11. 27) 대주제 : 대입 무시험 전형의 과제와 전망, 소주제 발표 : 배호순(서울여대), 백순근(한국교육과정평가원), 민경찬(연세대), 김진성(삼성고) 지정토론 : 김신복(서울대), 김화진(교육부), 김대유(서문여중), 조호연(경향신문)
- 한국교총, 교육공동체 신뢰 회복을 위한 토론회 (1999. 2. 24) 주제 발표 : 강인수(수원대) 교육적 체벌, 어떻게 할 것인가 토론 : 이원희(경복고), 김진성(삼성고), 임동권(교육부), 이양원(변호사), 정진곤(한양대)
- 연세교육포럼 (1999. 10) 주제 발표 : 김진성, 주제 : 2002년의 모험, 무시험 대입 전형제도, 토론 : 이현청(대학교육협의회 사무총장), 최수태(교육부 과장), 민경천(연세대 입학관리처장)
- 한국교육연구소 창립 10주년기념 학술대회 (1999.10.8) 주제 : 한국 공교육체제 평가와 전망 토론 : 정재걸(대구교대), 김진성(한국교육정책

연구회), 이길상(정신문화연), 이두휴(여수대), 이수일(전교조), 송기창(숙명여대), 최철호(학원연합회), 김기수(한국교육연구소), 정순우(정신문화연구원)

- 교육개혁 대토론회 (1999. 11. 24) 주제 : 복수 교원단체 시대, 교원단체의 역할과 전망

  1. 국내외 교원단체의 활동 비교 및 우리의 과제 : 김신복 (서울대)
  2. 교원단체 복수화 시대 교원노조에 대한 이해 : 김진성 (구정고)

- 자유민주연합 주최 교원정년에 관한 대토론회 (1999. 12. 9)

  1. 정년 단축, 학교 현장의 입장 : 김진성(구정고)
  2. 교육개혁과 교원 정책의 당면 과제 : 윤종건(외대)
  3. 교직 사회 안정을 위한 교원 정년의 과제 : 강인수(수원대)

  토론 : 김정기(교육부), 서정화(홍익대), 신은숙(순천향대), 전풍자(학부모연대), 정상섭(전 초등 학교 교장), 최재선(서울교련)

- 2000년도 제1차 KEDI 교육정책 포럼 (2000. 2. 16) 주제 : 교육부총리의 위상과 역할, 사회 : 박덕규, 주제발표 : 김신복(서울대 행정대학원장), 강대인(크리스찬 아카데미 부원장), 김건이(세계일보 논설위원), 김동현(한국정책학회장, 성대 교수), 박훤구(한국노동연구원장), 김진성(중등교장협의회장), 박홍기(대한매일 기자), 이부영(전교조 위원장), 이원희(경복고 교사), 임천순(세종대 교수), 주삼환(충남대 교수), 정경배(한국보건사회연구원 원장), 최덕인(한국과학기술원장)

- 이한동 자민련총재 초청 교육정책 토론회 (2000. 3. 5) 발표 : 채수연(한

영고), 서정화(홍익대), 김진성(구정고), 허인숙(학실련), 윤정일(서울대)

- 교육마당 21, 기획 좌담 (2000. 5. 10) 주제 : 과외 교습 문제, 어떻게 풀어나갈 것인가, 사회 : 최운실(아주대) 참석자 : 김신일(서울대), 김진성(구정고), 김홍주(KEDI), 나혜영(환일고), 이재훈(옥련초), 장은숙(참교육학부모회)
- 한국대학교육협의회 주최, 대학교육정책 포럼 (2000. 9. 28)
  1. 대학별 입학 전형 방법의 실태 및 발전 방안 : 권두환(서울대), 신철지(서울교육청), 김정숙(국회의원)
  2. 대학별 입학 전형자료의 다양화와 활용 방안 : 노종희(한양대), 설훈(국회의원), 김진성(구정고 교장)
  3. 대학별 학생 모집 단위의 실태 및 발전 방안 : 박종륜(전남대), 문창재(한국일보), 이종서 (교육부)
- 한국교육개발원 주최 정책토론회 (2000. 10. 6) 주제:학교 교육 위기 실태 진단과 대응 방안 모색, 참석자 : 이종태(교육개발원), 류방란, 김정원, 윤종혁, 김영화(홍익대), 강태중(중앙대), 김진성(한국교육정책연구회), 윤철경(한국청소년개발원), 이인규(한국교육연구소), 허원일(면목중), 김혜련 (풍문여고)
- KDI 주최 정책 토론회 (2001. 3. 7) 주제 : 질적 심화기의 초 · 중등 교육 발전 전망과 과제
  1. 교육자치 재구조화 및 투자 효율화, 사회 : 박세일(서울대), 발표 : 우천식(KDI), 박정수(서울시립대), 토론 : 김평수(교육부), 김주현(행자부), 윤건영(연세대), 김병준(국민대), 허남진(중앙일보), 최현섭(강원대)

2. 자율과 책임의 학교제도, 사회 : 배무기(울산대, 교육인적자원 정책위원장) 발표 : 김진성(구정고), 우천식(KDI), 이영(KDI), 토론 : 정기오(교육부), 고용(국무총리실), 장오현(동국대), 강영철(매경)

- 비전@한국 창립기념 정책 심포지엄 (2001. 05. 11) 주제 : 새천년 한국의 비전

발제 1 : 한국 정치위기의 본질과 해소방안 : 김영래(아주대, 한국정치학회장), 정윤재(한국 정신문화원)

발제 2 : 한국 경제 위기의 본질과 정책 방향 : 송병락(서울대), 이재웅(성균관대 부총장)

발제 3 : 한국 사회 위기의 본질과 대응 방안 : 송복(연세대), 김문조(고려대)

발제 4 : 한국 교육 위기의 본질과 정책방향 : 김신일(서울대), 김진성(구정고)

- 학생봉사활동연구회 주최 봉사활동 정상화 대토론회 (2001. 6. 20) 발표 : 곽병선(한국교육개발원장), 홍기형(대진대 총장), 김진성(구정고), 김하수(연세대), 이상갑(교육부), 김종구(서울시의원), 권문한(조선일보)
- 서울대 주최, 공교육 백년 설계를 위한 국민 대토론회 (2001. 6. 26~6. 27) 기조강연 : 정범모, 주제 : 교육위기 탈출의 해법, 토론 : 김영삼(전교조), 김창학(한교총), 김진성(구정고), 박이선, 박인옥(참교육학부모회), 김장중(학부모연대), 이상갑(교육부), 윤응섭(서울시 교육청), 임영숙(대한매일신보), 류자효(SBS), 박인구(동원F&B), 서한샘(한샘), 이재정(국회의원), 이규택(국회의원), 오옥환(이화여대), 장회익(서울대),

김인환(고려대), 김하수(연세대)

- 대교 주최 서울대 BK21 연구단 학술세미나 (2001. 7. 2) 주제 : 사교육의 현실과 전망, 발표 : 사교육 성과 분석(김기석, 서울대), 사교육의 미래 전망(강태중, 중앙대), 사교육의 교 육적 의의(이현청, 대교협), 토론 : 이칭찬(강원대), 김진성(구정고), 김영일(중앙교육진흥)
- 교육마당 21 교육대담 (2001. 7. 12) 주제 : 학교 위기, 그 대안은 무엇인가, 토론 : 김진성(구정고 교장), 강태중(중앙대 교수), 김성자(청담고 학운위위원장)
- 주간조선 교육 대담 (2001. 8. 22) 주제 : 학교 위기와 학력 저하, 대담 : 김진성(구정고), 조성선(미성초)
- 한국교육개발원, 동아일보 주최 공교육 살리기 공청회 (2001. 10. 29) 주제 : 공교육 위기와 교훈, 토론 : 한재갑(한교총), 한만중(전교조), 이차영(한서대), 김진성(명지대), 송인수(기실연), 김정금(참교육학부모회), 류방란(한국교육개발원), 김영윤(교육부)
- 국회 교육위원회 주최 교원정년 공청회 (2001. 11. 20) 참가자 : 김진성(한국교육정책연구회), 고학곤(초등학교), 이선정(학부모), 이군현(한교총), 전풍자(학부모연대), 박경양(참교육학부모회), 최현섭(강원대), 이인규(아름다운학교운동본부)
- 바른사회를 위한 시민회의 주최, 고교 평준화에 관한 심포지엄 (2002. 4. 11) 주제 : 고교 평준화, 이대로 좋은가 참가자 : 김진성(명지대), 이군현(한국교총 회장), 김형기(조선일보 논설위원), 강인수(아주대)

- 평화 토론회(2003. 5. 21) 김진성 주제발표 : 전교조 논리와 실상, 토론 : 박근(전 유엔대사), 김창규(전 공군참모총장), 이성근(대학총장), 조순환(전 국회위원), 정희경(전 국회의원), 강영훈(전 총리), 백상창(신경과전문의), 허신행(전 장관), 서정갑(국민 운동본부), 김점곤(평화연구원장)
- 재외한민족연구소 초청 좌담회 (2003. 6. 10) 주제 : 재외 한민족 교육의 현황과 과제, 사회 : 신형식(이화여대), 참가자 : 김진성(명지대), 정만섭(교육부), 전경(연변대) ,김정기(한국사이버대학 총장)
- 한국초중고교장협의회, 교육공동체시민연합 공동주최 교육 심포지엄(2003. 10. 2), 주제 : 전교조와 교단 안정화(주제 발표 : 김진성 교육공동체시민연합 공동대표)
- 한국교육행정학회 학술대회 (2003. 12. 13) 주제 : 미래지향적 교육공동체 방향과 과제 발표 : 정영수(충북대), 신현석(고대), 김성렬(경남대), 박남기(광주교대), 박선형(조선대), 강영삼(국민대), 강인수(수원대), 허병기(교원대), 진동섭(서울대), 주철안(부산대), 강태중(경실련), 김진성(교육공동체,) 류명수(한교조), 박경량(참교육학부모회), 이군현(한교총)
- 전경련 국제경영원 주최, 교육 문제 대토론회 (2004. 6. 18) 한국의 백년대계를 위한 인재육성의 비전과 전략, 사회 : 권대봉(고려대 교육대학원장), 주제 발표 : 안병영(부총리 겸 교육부장관), 참가자 : 김진성(교육공동체시민연합 공동대표), 황우석(서울대 교수), 신봉승(한국역

사문화연구소장), 이용태(삼보컴퓨터 명예회장)

- 충남자유주의교육운동연합 창립 기념강연회 (2006. 10. 28)

  주제 1 : 한국 교육의 선진화는 어떻게 달성될 수 있는가? : 정범모(한림대 석좌교수)

  주제 2 : 한국의 외교 안보, 정치, 경제, 사회상황과 교육계의 역할 : 류근일(조선일보)

  주제 3 : 한국 교육의 과제와 지방 교육시민단체의 역할 : 이상주(전 교육부총리)

  주제 4 : 한국 교육의 선진화를 위한 광역지자체의 역할 : 김진성(서울시의원)

- 교육자치 정착을 위한 국민 대토론회 (2009. 11. 4) 주제 발표 : 교육감 교육의원 선거 어떻게 할 것인가 : 김진성(서울시의원), 토론 : 허종렬(서울교대), 서철원(서울교총), 오태규(한겨레신문 논설위원), 김종일(뉴라이트 대표), 전갑길(광주 광산구청장), 김홍주(한국교육개발원), 여영무(언론인), 조연심(학부모), 유옥희(경기도 교육위원)

2. 나의 발자취

학력과 경력

- 충주사범학교 졸업
- 명지대 행정학과, 연세대 교육대학원, 건국대 행정대학원 졸업
- 서울대 행정대학원 국가정책과정 수료
- 홍익대 대학원 박사과정 교육학 박사
- 초등학교, 중학교, 고등학교 교사
- 서울시 교육청 장학사, 생활지도 장학관
- 자양중학교 교장, 교육부 정신교육장학관, 교육연구장학관
- 주일본 대한민국대사관 수석교육관
- 삼성고등학교 교장, 구정고등학교 교장
- 명지대 객원교수
- 서울시의회 시의원(2006. 7~2010. 6)
- 통일원 통일교육 전문강사 (1990. 9~1993. 7)
- 민족평화통일자문회의 자문위원(2008. 9~2012 .8)
- 서울시의회 윤리특위원장(2006. 8~2008. 6), 정책위원회 의장 (2008 .7~2010. 6)
- 일본 아오모리 시 국제 친선특사, 일본 돗도리현 명예대사

연구활동 및 시민운동

- 서울시중등교장회 회장(1999. 3~2001. 8)
- 한국민주시민교육연구회 회장(1997. 8~2001. 8)
- 교육재정GNP 6% 확보 국민운동 공동대표(1999)
- 한국교육정책연구회 회장(1998. 5~2003. 4),
- 한국지역사회교육협의회 이사(2000. 8~2003 .7)
- 교육개혁포럼 부회장(1999. 5~2004. 5)
- 서울시장직 인수위원회 인수위원(2002)
- 서울시 교육정책 공약개발위원(2002)
- 21세기국가발전연구원(NDI) 이사(2003. 5~2005. 4)
- 교육공동체시민연합 공동대표(2003. 5~2005. 4)
- 자유지식인선언 운영위원(2004. 3~2006. 5)
- 자유주의교육운동연합 공동대표(2005. 7~2006. 6)
- 교육선진화운동 상임대표(2006. 3~현재)
- 새로운 한국을 위한 국민운동 공동대표(2013. 5~현재)

포상

- 대통령 표창장(1985)
- 창단 50주년 공로상(재일대한민국 민단, 1996)
- 한국교육자대상(한국일보, 1999)
- 황조근정 포장(대통령, 2001)
- 자랑스러운 국가정책인 대상(서울대 교육행정부문, 2016)
- 시니어문학상 논픽션 특선 '둔마의 마이웨이' (매일신문, 2017)

인동초는 외롭지 않았다

한 교육자의 소망

펴낸날 초판 1쇄 2017년 10월 25일

지은이 김진성
펴낸이 서용순
펴낸곳 이지출판

출판등록 1997년 9월 10일 제300-2005-156호
주 소 03131 서울시 종로구 율곡로6길 36 월드오피스텔 903호
대표전화 02-743-7661 팩스 02-743-7621
이메일 easy7661@naver.com
디자인 박성현
인 쇄 네오프린텍(주)

값 15,000원

ISBN 979-11-5555-076-2 03800

이 도서의 국립중앙도서관 출판예정도서목록(CIP)은 서지정보유통지원시스템 홈페이지(http://seoji.nl.go.kr)와 국가자료공동목록시스템(http://www.nl.go.kr/kolisnet)에서 이용하실 수 있습니다.
(CIP제어번호: CIP2017026143)

인동초는 외롭지 않았다

한 교육자의 소망